职业教育财经类专业新课改精品教材系列丛书

会计信息化认证教程

沈国兴　肖　红　编著

電子工業出版社
Publishing House of Electronics Industry
北京 • BEIJING

内 容 简 介

本书注重学生基本知识的掌握，以及实务操作和应用能力的提升，注重实训与案例教学相结合。本书共 8 个项目，以畅捷通 T3 企业管理信息化为教学和考试软件，全面介绍了会计信息化应用认证考试的主要内容，包括系统管理、基础设置、总账管理、财务报表、工资管理、固定资产管理、购销存管理及认证考试实训等。本书每个项目都列出知识目标和能力目标，主要项目后还提供案例实施及巩固性的实训练习题，便于读者练习。

本书既可以作为职业院校会计专业和财经类其他专业教材，也可以作为财务人员短期培训和企业管理人员自学的培训教材和参考读物。

本书还配有电子教学参考资料包（包括教学指南、电子教案及习题答案），详见前言。

图书在版编目（CIP）数据

会计信息化认证教程/沈国兴，肖红编著. —北京：电子工业出版社，2018.2
ISBN 978-7-121-33326-2

Ⅰ. ①会…　Ⅱ. ①沈…　②肖…　Ⅲ. ①会计信息－财务管理系统－职业教育－教材
Ⅳ. ①F232

中国版本图书馆 CIP 数据核字（2017）第 315704 号

策划编辑：徐　玲
责任编辑：徐　玲　　文字编辑：刘元婷
印　　刷：三河市良远印务有限公司
装　　订：三河市良远印务有限公司
出版发行：电子工业出版社
　　　　　北京市海淀区万寿路 173 信箱　　邮编　100036
开　　本：787×1 092　1/16　印张：14.5　字数：268 千字
版　　次：2018 年 2 月第 1 版
印　　次：2018 年 2 月第 1 次印刷
定　　价：33.00 元

凡所购买电子工业出版社图书有缺损问题，请向购买书店调换。若书店售缺，请与本社发行部联系，联系及邮购电话：（010）88254888，88258888。

质量投诉请发邮件至 zlts@phei.com.cn，盗版侵权举报请发邮件至 dbqq@phei.com.cn。

本书咨询联系方式：xuling@phei.com.cn。

前　言

本书在充分调研中小企业会计信息化及各类中高职院校会计信息化认证的实际需求情况下，以畅捷通 T3 企业管理信息化为教学和考试软件，采用循序渐进的讲解方法，全面介绍了会计信息化应用认证考试的主要内容，包括系统管理、基础设置、总账管理、财务报表、工资管理、固定资产管理、购销存管理及认证考试实训等。

本书内容丰富、结构清晰、图文并茂、由浅入深、通俗易懂，既突出基础性内容，又重视实践性应用。每个项目都穿插了大量具有实用价值的示例，并对重要的知识和应用技巧进行了归纳和总结。主要项目末尾都安排了有针对性的练习，有助于读者巩固所学的基本概念和提升实际应用能力。本书既可以作为财务人员的短期培训、大中专院校相关专业的教材，也可以作为财务人员短期培训和管理者自学的参考书。

本书由无锡城市职业技术学院沈国兴、肖红编著。本书建议教学课时为 48 学时（16 周×3 课时/周），课时分配见下表。实际教学时可视教学时间和教学对象进行调整。

课时分配建议

教学内容	讲　授	实　践	合　计
项目一　系统管理	2	2	4
项目二　基础设置	2	2	4
项目三　总账管理	3	2	5
项目四　财务报表	3	2	5
项目五　工资管理	3	2	5
项目六　固定资产管理	3	2	5
项目七　购销存管理	6	4	10
项目八　认证考试实训	6	4	10
合　计	28	20	48

为方便教师及学生使用，本书还配有电子教案、教学指南及习题答案（电子版），读者可登录华信教育资源网（www.hxedu.com.cn）下载或与电子工业出版社联系，

我们将免费提供（E-mail：hxedu@phei.com.cn）。

由于时间仓促，加上编著者水平有限，书中不足之处在所难免，敬请广大读者批评指正。

编著者

目　录

项目一

系统管理

项目引领

大地股份有限公司是一家集生产与销售于一体的生产企业，为增值税一般纳税人，公司自 2018 年 1 月起启用用友畅捷通 T3（营改增版）软件取代原有的手工财务做账，进行财务核算，实现财务管理信息化。

项目目标

知识目标

（1）了解系统管理的基本功能。

（2）熟悉企业建立账套的工作流程。

能力目标

（1）能建立核算单位账套。

（2）能增加操作员及设置操作员权限。

（3）能进行账套的管理工作。

任务一　建立账套

任务导入

企业应用会计信息系统之始，首先需要在系统中建立企业的基本信息、核算方法、编码规则等，称为建账，即建立账套。

任务要求

根据相关企业资料，张会计在计算机系统中建立企业账套。

知识准备

建立账套，即采用畅捷通 T3 财务软件为本企业建立一套账簿文件。使用总账系统时，应根据企业的具体情况进行账套参数设置。

账套参数主要包括：核算单位名称、所属行业、启用时间、编码规则等基础参数。账套参数决定了系统的数据输入、处理、输出的内容和形式。

1. 设置账套信息

账套信息包括录入账套号、账套名称、账套路径及启用会计期。

2. 输入单位信息

单位信息包括输入单位名称、单位简称、单位地址及法人代表等相关信息。

3. 确定核算类型

核算类型包括本币代码、本币名称、本币类型、行业性质及账套主管。

4. 确定分类信息

如果用户的存货、客户、供应商相对较多，可以对它们进行分类核算。

5. 确定编码方案

编码方案是指设置编码的级次和各级的长度。

6. 确定数据精度

数据精度是指定义数据的小数位数。由于各单位对数量、单价的核算精度要求不一致，为了适应不同的需求，系统提供了自定义数据精度的功能。

在系统管理部分需要设置的数据精度主要有"存货数量小数位"、"存货单价小数位"、"开票单价小数位"、"件数小数位"和"换算率小数位"。

任务描述

根据以下资料建立大地股份有限公司的账套及相关信息。

账套号：100

账套名称：大地股份有限公司

启用会计期：2018 年 1 月

单位名称：大地股份有限公司

单位简称：大地公司

单位地址：北京市西城区西四大街 88 号

法人代表：李敏明

邮政编码：100055

税号：1000110101255669

企业类型：工业

行业性质：2007 年新会计准则

按行业性质预置科目

基础信息：对存货、客户、供应商进行分类，无外币核算

科目编码级次：4-2-2

客户分类编码级次：2-2

供应商分类编码级次：2-2

部门编码级次：1-2

启用"总账"、"固定资产"、"工资管理"、"购销存管理"、"核算"，启用日期均为 2018 年 1 月 1 日。

任务处理

（1）双击打开桌面上的“系统管理”图标，如图 1-1 所示。

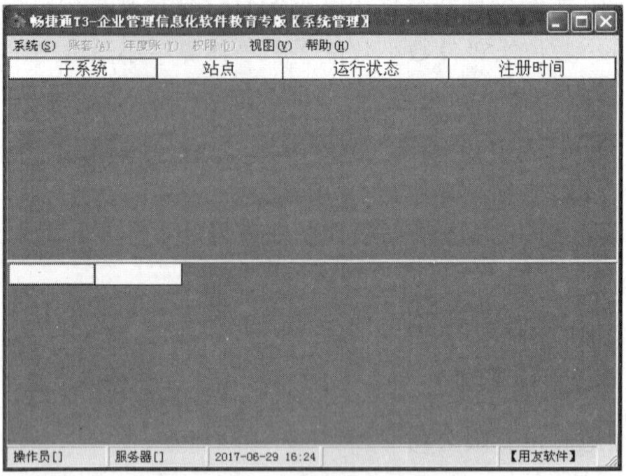

图 1-1　打开“系统管理”图标

（2）单击菜单“系统/注册”命令，打开“注册［控制台］”对话框，如图 1-2 所示。

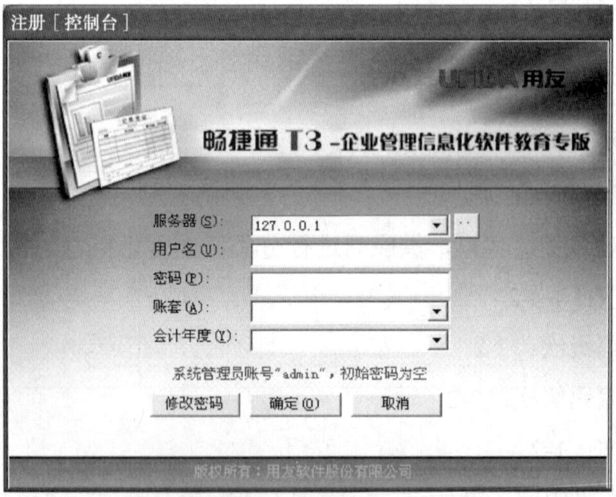

图 1-2　“注册［控制台］”对话框

（3）在“用户名”处输入“admin”（说明：admin 为系统管理员），密码不填（admin 的初始密码为空），单击“确定”按钮进入“系统管理”主窗口，如图 1-3 所示。

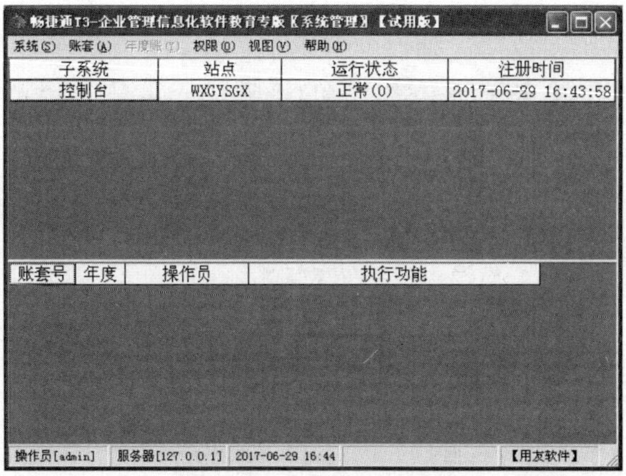

图 1-3 “系统管理”主窗口

（4）单击菜单“账套/建立”命令，打开“创建账套”对话框，输入账套号：100；账套名称：大地股份有限公司；启用会计期：2018 年 1 月；其他默认，如图 1-4 所示。

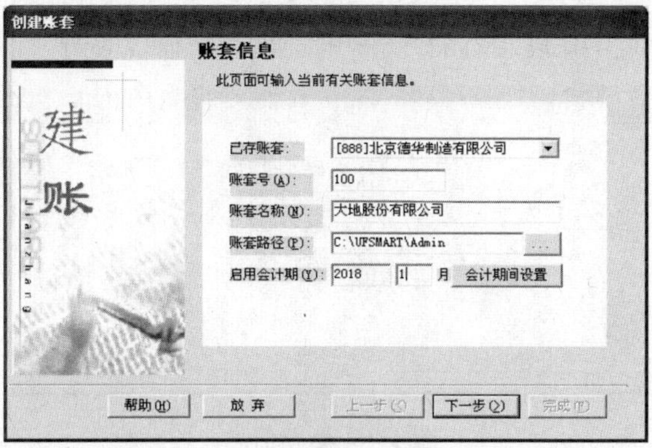

图 1-4　账套信息

（5）单击“下一步”按钮，输入单位信息，如图 1-5 所示。

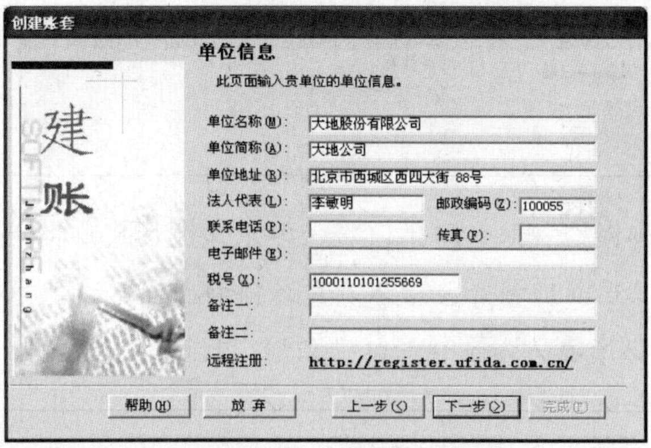

图 1-5　单位信息

（6）单击“下一步”按钮，输入核算类型，如图 1-6 所示。

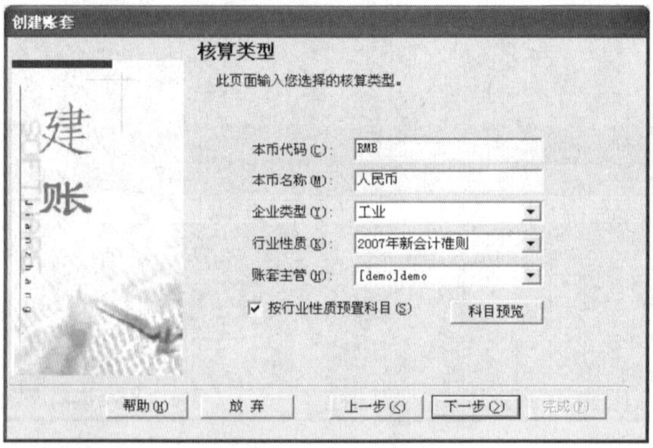

图 1-6　核算类型

（7）单击“下一步”按钮，输入基础信息，如图 1-7 所示。

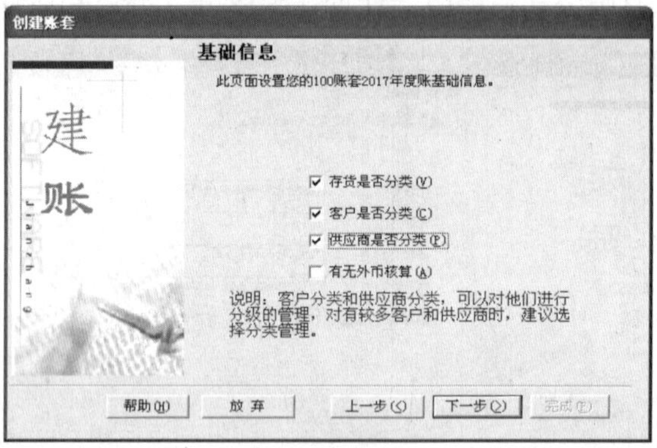

图 1-7　基础信息

（8）单击“下一步”按钮，确定业务流程，全部采用默认的标准流程，如图 1-8 所示。

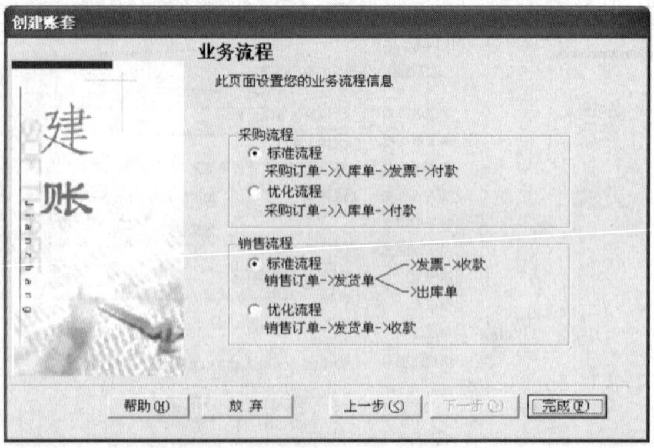

图 1-8　业务流程

（9）单击“完成”按钮，弹出系统提示“可以创建账套吗？”，单击“是”按钮，稍后，设置分类编码方案，如图 1-9 所示。

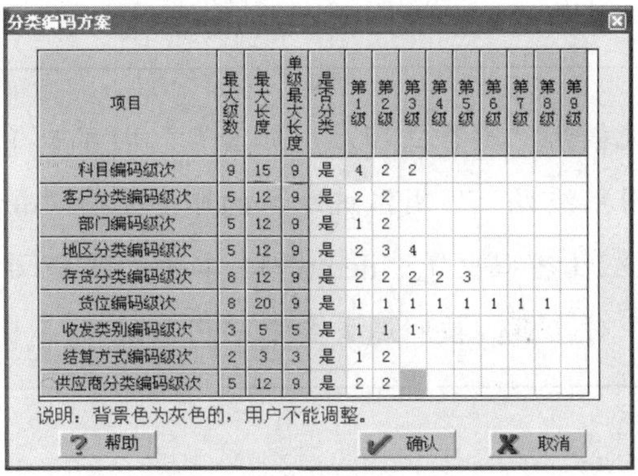

项目	最大级数	最大长度	单级最大长度	是否分类	第1级	第2级	第3级	第4级	第5级	第6级	第7级	第8级	第9级
科目编码级次	9	15	9	是	4	2	2						
客户分类编码级次	5	12	9	是	2	2							
部门编码级次	5	12	9	是	1	2							
地区分类编码级次	5	12	9	是	2	3	4						
存货分类编码级次	8	12	9	是	2	2	2	2	3				
货位编码级次	8	20	9	是	1	1	1	1	1	1	1	1	
收发类别编码级次	3	5	5	是	1	1	1						
结算方式编码级次	2	3	3	是	1	2							
供应商分类编码级次	5	12	9	是	2	2							

图 1-9　分类编码方案

（10）单击“确认”按钮，定义数据精度，如图 1-10 所示。

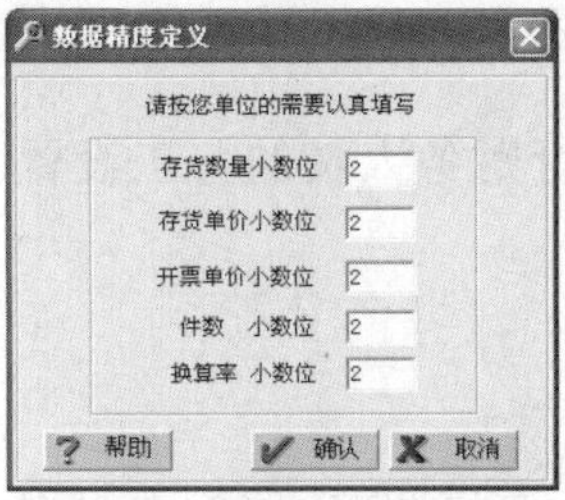

图 1-10　数据精度定义

（11）单击“确认”按钮，系统弹出“创建成功”信息提示框，单击“确定”按钮，系统提示“是否立即启用账套？”，单击“是”按钮，系统打开“系统启用”对话框，如图 1-11 所示。

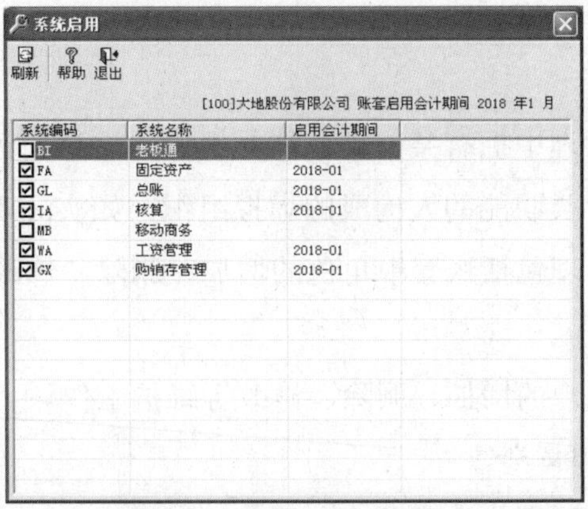

图 1-11　“系统启用”对话框

（12）单击“退出”按钮。

注意事项

如果在系统提示“是否立即启用账套？”时单击了“否”按钮，该如何再次启用系统呢？可用系统默认的账套主管“demo”身份重新登录“系统管理”（密码也是“demo”），单击“账套/启用”命令，打开“系统启用”对话框，按照题目要求启用系统。

任务二　操作员及其权限

任务导入

企业在建好账套后，要进行财务人员的分工设置。

任务要求

根据企业财务要求，张会计在畅捷通T3财务软件中增加操作员及操作员权限的设置。

知识准备

一、用户与角色

1. 角色管理

角色是指在企业管理中拥有某一类职能的组织，这个角色组织可以是实际的部门，可以是由拥有同一类职能的人构成的虚拟组织，如实际工作中最常见的会计和出纳两个角色。角色管理包括账套中角色的增加、删除、修改等维护工作。

2. 用户管理

主要完成本账套用户的增加、删除、修改等维护工作。

3. 用户和角色有何区别

（1）用户和角色设置不分先后顺序，用户可以根据自己的需要先后设置。但对于自动传递权限来说，应该首先设定角色，然后分配权限，最后进行用户的设置。这样在设置用户的时候，如果选择其归属于哪一个角色，则其自动具有该角色的权限。

（2）一个角色可以拥有多个用户，一个用户也可以分属于多个不同的角色。

（3）若角色已经在用户设置中被选择过，系统则会将这些用户名称自动显示在角色设置中的所属用户名称的列表中。

（4）只有系统管理员有权限进行本功能的设置。

二、财务分工

财务分工在财务软件中主要体现在两个功能上：系统管理中的操作员权限设置和总账模块中的明细权限设置。

操作员权限设置功能是用于对已设置的操作员进行赋权。只有系统管理员和该账套的主管有权进行权限设置。

明细权限设置功能是用于对总账模块中各操作员的凭证审核、科目制单及明细账查询打印权限进行设定。

1. 增加操作员权限

由于操作员权限是指某一操作员拥有某一账套的某些功能的操作权限，因此，在设置操作员和建立该核算账套之后，可以在操作员权限设置功能中对非账套主管的操作员进行操作员权限的设置。

2. 修改操作员权限

修改操作员权限包括设定或取消账套主管及删除操作员权限。

（1）设定或取消账套主管。

账套主管首先在建立账套时指定，修改时由系统管理员进行账套主管的设定与放弃的操作。首先在“操作员权限”左边窗口中选择欲设定或放弃账套主管资格的操作员，然后在界面右上角选择账套，最后选中旁边的“账套主管”复选框。

（2）删除操作员权限。

系统管理员或账套主管可以对非账套主管的操作员已拥有的权限进行删除。

任务描述

大地股份有限公司岗位分工情况，如表 1-1 所示。

表 1-1　大地股份有限公司岗位分工情况

编　号	姓　名	口　令	角　色	权　限
A01	张强	1	账套主管	拥有软件操作和管理的全部权限
A02	陈红	2	会计	总账、工资管理、固定资产、财务报表
A03	李明	3	出纳	出纳签字、现金管理
A04	王林	4	采购	采购、应付、库存、核算
A05	汪清	5	销售	销售、应收、库存、核算
A06	孙玲	6	库存	库存、核算

任务处理

（1）以系统管理员（admin）身份登录“系统管理”，单击“权限/操作员”菜单命令，进行操作员管理，如图 1-12 所示。

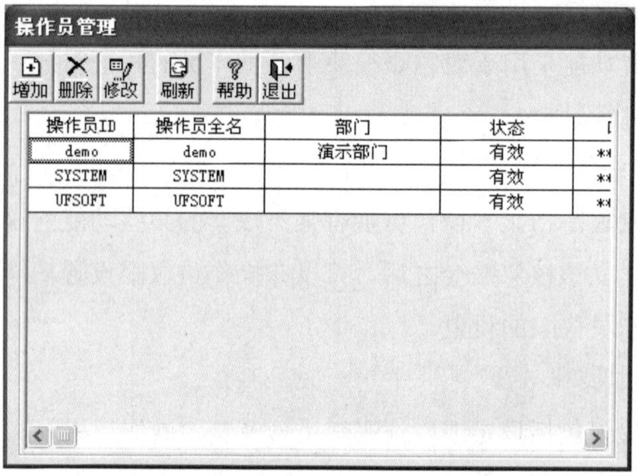

图 1-12　操作员管理

（2）单击“增加”按钮，增加操作员，如图 1-13 所示。

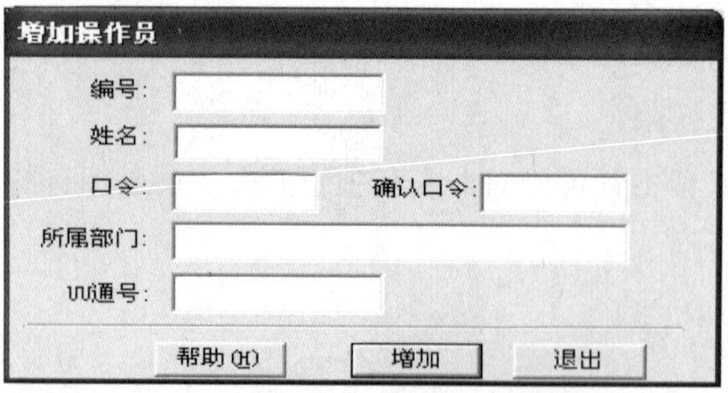

图 1-13　增加操作员

（3）输入操作员信息，单击“增加”按钮，增加操作员，如图 1-14 所示。

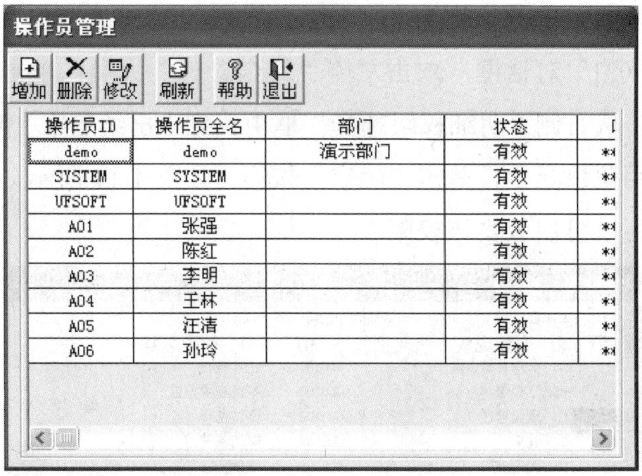

图 1-14　增加操作员

（4）单击“权限/权限”菜单命令，设置操作员权限，如图 1-15 所示。

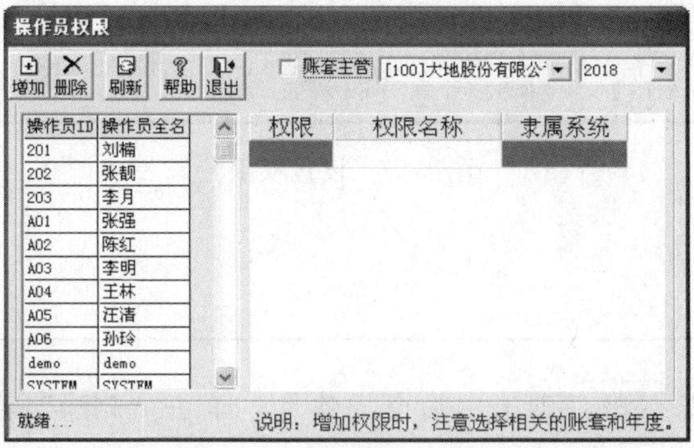

图 1-15　设置操作员权限

（5）授予“A01 张强”账套主管权限：单击“权限/权限”命令，打开“操作员权限”对话框，选中“A01 张强”，选择“[100]大地股份有限公司”账套和“2018”年度，勾选“账套主管”复选框。系统弹出“设置操作员：[A01]账套主管权限吗？”信息提示框，单击“是”按钮，如图 1-16 所示。如果要取消账套主管权限，则再次勾选“账套主管”复选框就可以了。

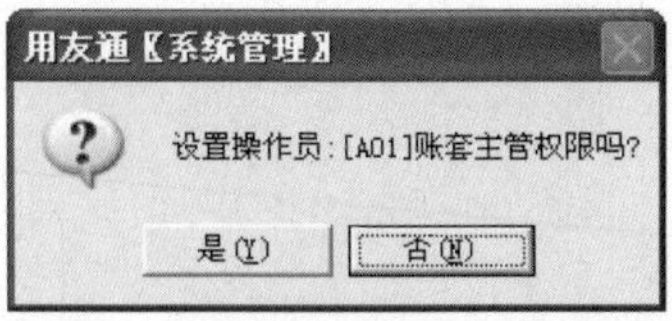

图 1-16　账套主管权限

（6）授予“A03 李明”出纳签字和现金管理的操作权限：选中“A03 李明”，选择“[100]大地股份有限公司”账套和“2018”年度，单击“增加”按钮，系统弹出“增加权限——[A03]”对话框，双击左侧“现金管理”大类；单击左侧“总账”大类，单击下拉按钮从右侧“明细权限选择”框中找到“出纳签字”明细权限并双击。选中的权限前面用蓝色显示，单击“确定”按钮，如图 1-17 所示。如果在确认前要取消某项权限，可以再次双击该权限。

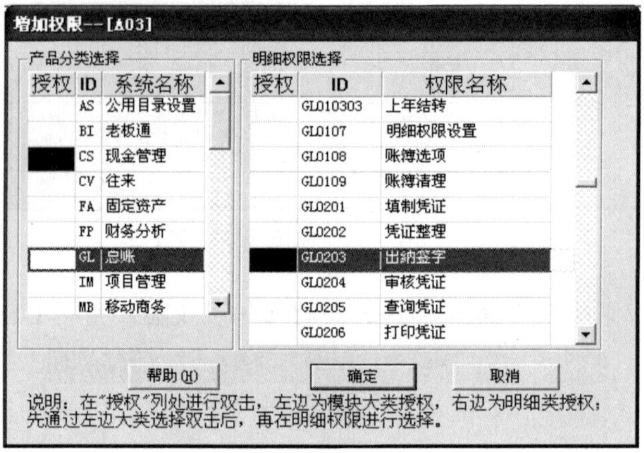

图 1-17　设置权限

注意事项

如果要删除权限，则选中某个操作员，单击“删除”按钮，就可以删除他的所有权限；如果要删除某个操作员的某一项权限，可双击要删除的权限，然后再单击“删除”按钮，即可删除该项权限。

只有系统管理员才有权限设置操作员；操作员编号在系统中必须唯一，即使是不同的账套，操作员编号也不能重复；设置操作员口令时，为保密起见，输入的口令字以“*”号在屏幕上显示；所设置的操作员用户一旦被引用，便不能被修改和删除。

任务三　保存及打开账套

任务导入

企业账套建立好后需要进行账套的保存、修改及恢复工作。

任务要求

根据企业财务要求，张会计在畅捷通 T3 财务软件中进行账套的备份、修改及恢复。

知识准备

一、账套数据备份

会计数据备份即账套输出，是将财务软件所产生的数据备份到硬盘、软盘或光盘中保存起来。其目的是长期保存，防备意外事故造成的硬盘数据丢失、非法篡改和破坏。还可以实现删除当前输出账套的功能。

二、账套数据恢复

会计数据恢复即账套引入，是指把软盘或硬盘上的备份数据恢复到硬盘上的指定目录下。系统还允许将系统外某账套数据引入本系统中，从而有利于集团公司的操作。

三、修改账套

经过一段时间运行，如果发现账套的某些信息需要修改或补充，可以通过修改账套功能来完成。此功能还可以帮助用户查看某个账套的信息。

1. 注册

若当前操作员不是要修改账套的主管，则应在“系统管理”中更换操作员。

2. 修改账套

以要修改账套的账套主管的身份注册后，单击“账套”菜单中的“修改”选项，进入“修改账套”对话框。修改完成后，如果确认已修改的内容，应单击“完成”按钮，否则单击“放弃”按钮，放弃已经进行的修改操作。

任务描述

（1）在 D 盘建立“大地股份账套”文件夹。

（2）将“[100]大地股份有限公司”账套保存在 D 盘“大地股份账套”文件夹中。

（3）打开“[100]大地股份有限公司”账套。

（4）修改“[100]大地股份有限公司”账套。

任务处理

一、保存账套

（1）以系统管理员（admin）身份登录“系统管理”，单击“账套/备份”菜单命令，弹出“账套输出”对话框，如图 1-18 所示。

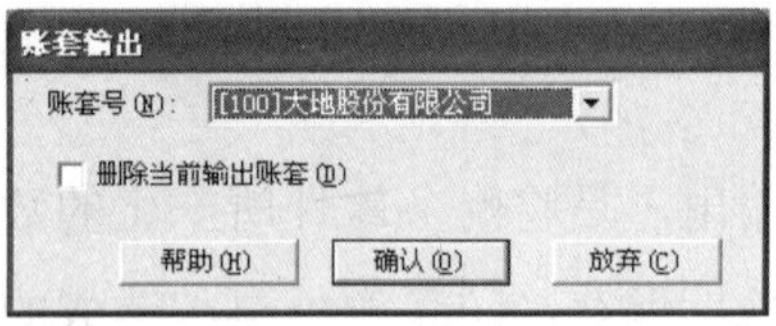

图 1-18 “账套输出”对话框

（2）账套号选择“[100]大地股份有限公司”，单击“确认”按钮。

（3）系统压缩完成所选账套数据后，弹出“选择备份目标”对话框。单击下拉列表框，选择需要将账套数据输出的驱动器及文件夹。

（4）单击“确认”按钮。

（5）系统弹出系统提示“备份完毕!”，单击“确定”按钮返回。

注意事项

只有系统管理员（admin）才能备份账套数据。备份的账套数据名为“UFDATA.BA_”；在备份账套数据时，系统要复制和压缩进程，这需要一段时间。根据机器速度的快慢和数据量的大小，备份需要的时间也不确定。因此，在上机实验时，要耐心等待。

注意事项

若要删除账套，在“账套输出”对话框中，选择“删除当前输出账套”选项。但正在使用的账套不能删除；账套数据必须先备份输出到本地硬盘上，然后根据需要复制到U盘或移动硬盘上，以便妥善保存。

二、打开账套

（1）以系统管理员（admin）身份登录“系统管理”，单击“账套/恢复”菜单命令，打开“恢复账套数据”对话框，如图1-19所示。

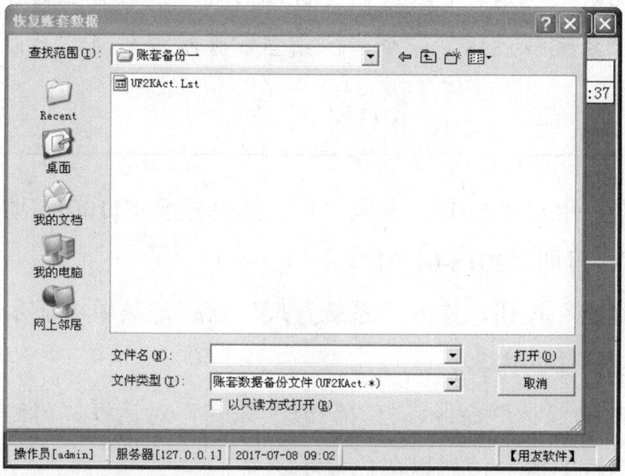

图1-19 “恢复账套数据”对话框

（2）打开相应的账套路径，选择账套文件“UF2KAct.Lst”。

（3）单击“打开”按钮。

（4）系统提示“重新指定账套路径吗？”，单击“否”按钮。

（5）系统提示“正在引入账套，请等待……”最后提示“账套引入成功!”，单击“确定”按钮。

注意事项

只有系统管理员（admin）才能恢复账套；恢复账套时，若系统中存在的账套号与引入的账套号相同，则系统提示“是否覆盖系统中的账套？”若恢复不成功，可先将原账套备份并删除，然后再恢复。

三、修改账套

如果账套启用后，需要修改建账参数，需要以账套主管的身份注册进入系统管理。

（1）在“系统管理”窗口，执行“系统/注册”命令，打开“注册［控制台］”对话框。

注意事项

如果此前是以系统管理员的身份注册进入系统管理的，那么需要首先执行“系统→注销”命令，注销当前系统操作员，再以账套主管的身份登录。

（2）输入数据：用户“A01”；密码“1”。选择账套“[100]大地股份有限公司”、会计年度“2018”、日期“2018-01-01”。

（3）单击“确定”按钮，进入“系统管理”窗口，菜单中显示为黑色字体的部分为账套主管可以操作的内容。

（4）执行“账套/修改”命令，打开“修改账套”对话框，可修改的账套信息以白色显示，不可修改的账套信息以灰色显示。

（5）修改完成后，单击“完成”按钮，弹出系统提示信息“确认修改账套了么？”，单击“是”按钮，确定“分类编码方案”和“数据精度定义”，单击“确认”按钮，弹出系统提示“修改账套成功！”

注意事项

只有账套主管才能修改账套；修改账套时，很多参数不能修改，对于不能修改的账套参数，只能将账套删除并重新建立账套。因此，在建立账套时要先确定好各参数并谨慎输入。

注意事项

清除异常任务和锁定

由于非正常关机、断电等问题可能会导致一些异常任务或单据锁定。要清除这些异常任务和锁定，双击“系统管理—系统—注册”后，单击“视图—清除异常和锁定”。

项目二

基础设置

项目引领

在正式开始使用总账之前，还需要事先输入业务处理必须用到的一些基础档案，如部门、人员、客户、供应商、凭证类别、会计科目等，这些基础档案不仅总账模块要使用，其他模块也要使用。

项目目标

知识目标

（1）理解基础档案设置在整个系统中的作用。

（2）理解基础档案设置的数据对日常业务处理的影响。

能力目标

（1）能设置部门和职员档案。

（2）能设置客户和供应商档案。

（3）能设置财务档案及其他项目。

任务一　部门和职员设置

任务导入

在基础档案中需要进行部门和人员的设置。

任务要求

根据相关企业资料，张会计在畅捷通 T3 财务软件中进行部门和职员的设置。

知识准备

一、部门档案设置

部门档案是设置会计科目中要进行部门核算的部门名称，以及要进行个人核算的往来个人所属的部门。部门档案需要按照已定义好的部门编码级次原则输入，包括部门编码、名称、负责人、部门属性等信息。

二、职员档案设置

职员档案主要用于设置要进行个人核算的往来个人的名称及其他模块所涉及的职员名称，即记录本单位使用系统的职员列表，包括职员编号、名称、所属部门及职员属性。

任务描述

请以账套主管“张强”（编号：A01；口令：1；日期：2018 年 1 月 1 日）身份为大地股份有限公司基础档案进行初始化设置。

一、按表 2-1 资料设置部门档案

部门档案如表 2-1 所示。

表 2-1　部门档案

部门编码	部门名称
1	办公室
2	财务部
3	采购部
4	销售部
5	生产部
501	生产一部
502	生产二部

二、按表 2-2 资料设置职员档案

职员档案如表 2-2 所示。

表 2-2　职员档案

职员编码	职员名称	所属部门
001	李明	办公室
002	张强	财务部
003	陈红	财务部
004	李明	财务部
005	王林	采购部
006	汪清	销售部
007	孙玲	生产一部
008	潘虹敏	生产一部
009	孙大海	生产二部
010	江胜利	生产二部

任务处理

（1）以账套主管“张强”的身份登录畅捷通 T3 财务软件，用户名填入“A01”，密码填入“1”，选择“[100]大地股份有限公司”账套和“2018”年度，选择日期“2018-01-01”，单击“确定”按钮，进入畅捷通 T3 财务软件界面，如图 2-1 所示。

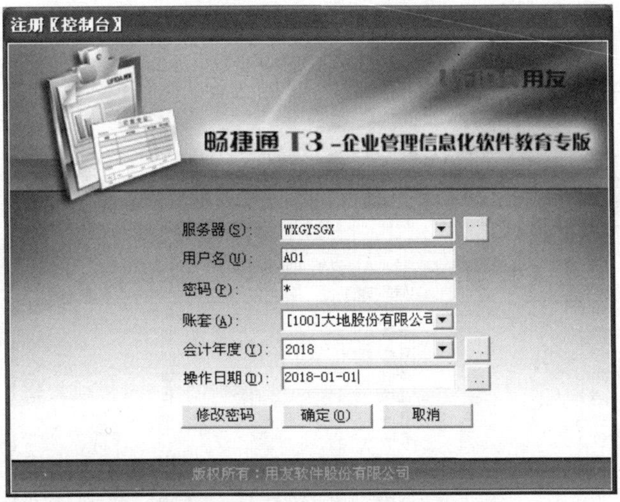

图 2-1 “注册［控制台］”对话框

（2）单击“基础设置/机构设置/部门档案”命令，打开“部门档案”对话框。

（3）单击“增加”按钮，输入数据，单击“保存”按钮，如图 2-2 所示。

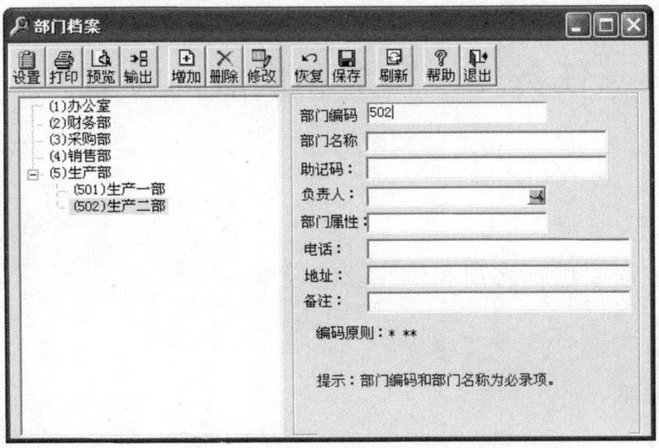

图 2-2　部门档案

注意事项

部门编码和部门名称为必录项；部门编码必须符合编码原则；在未建立职员档案时，不能选择输入负责人信息。待职员档案建立完成后，返回部门档案窗口，通过“修改”功能补充输入负责人信息。

（4）单击“基础设置/机构设置/职员档案”命令，打开“职员档案”对话框。

（5）单击“增加”按钮，或者在空行直接输入职员信息。

（6）单击“增加”按钮或者回车键，增加一个空行，然后单击“退出”按钮，如图 2-3 所示。

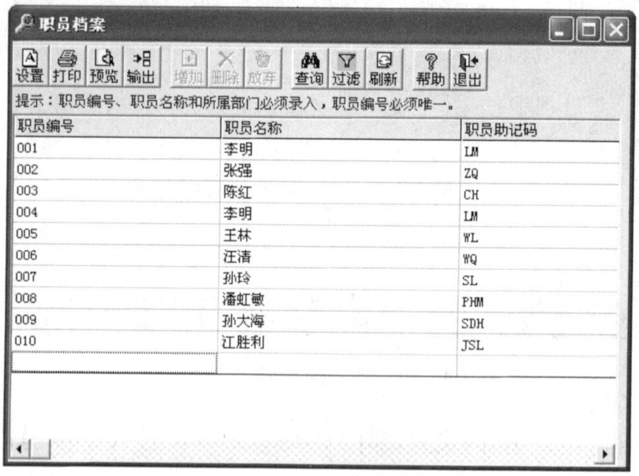

职员编号	职员名称	职员助记码
001	李明	LM
002	张强	ZQ
003	陈红	CH
004	李明	LM
005	王林	WL
006	汪清	WQ
007	孙玲	SL
008	潘虹敏	PHM
009	孙大海	SDH
010	江胜利	JSL

图 2-3　职员档案

任务二　客户和供应商设置

任务导入

在基础档案中需要进行客户和供应商的设置。

任务要求

根据相关企业资料，张会计在畅捷通 T3 财务软件中进行客户和供应商的设置。

知识准备

一、客户档案设置

建立客户档案直接关系到对客户数据的统计、汇总和查询等分类处理。在销售管理等业务中需要处理的客户的档案资料，应先行在本功能中设定，平时如有变动应及时在此进行调整。客户档案卡片包括“基本”、“联系”、“信用”、“其他”4 张选项卡。

（1）客户档案必须在最末级客户分类下增加。

（2）客户分类编码必须唯一。

（3）客户分类编码必须与所设定的编码级次结构相符。

（4）客户编码、名称和简称必须输入，其余可以忽略。“联系”选项卡内容可以为空。

（5）销售管理系统或应收账款核算系统启用后，“信用”选项卡中的应收余额由系统自动维护。

（6）输入各项内容后，必须单击“保存”按钮，否则表示放弃。

二、供应商档案设置

企业如果需要进行往来管理，那么必须将企业中供应商的详细信息录入供应商档案中。建立供应商档案直接关系到对供应商数据的统计、汇总和查询等分类处理。在采购管理等业务中需要处理的供应商户的档案资料，应先行在本功能中设定，平时如有变动应及时在此进行调整。

（1）供应商档案必须在最末级供应商分类下增加。

（2）若无供应商分类，则将供应商归入无供应商分类。

（3）关于设置供应商档案的详细内容请参照设置客户档案的操作步骤。

任务描述

一、按表 2-3 资料设置供应商分类

供应商分类如表 2-3 所示。

表 2-3　供应商分类

类别编码	类别名称
01	原料企业
02	成品企业

二、按表 2-4 资料设置供应商档案

供应商档案如表 2-4 所示。

表 2-4　供应商档案

供应商编号	供应商名称	供应商简称	所属分类码
001	太阳公司	太阳	01
002	星星公司	星星	02

三、按表 2-5 资料设置客户分类

客户分类如表 2-5 所示。

表 2-5　客户分类

类别编码	类别名称
01	批发企业
02	零售企业

四、按表 2-6 资料设置客户档案

客户档案如表 2-6 所示。

表 2-6　客户档案

客户编号	客户名称	客户简称	所属分类码
001	长江工厂	长江	01
002	阿里山工厂	阿里山	02

五、按表 2-7 资料设置地区分类

地区分类如表 2-7 所示。

表 2-7　地区分类

地区分类编码	地区分类名称
01	北方
02	南方

任务处理

（1）单击“基础设置/往来单位/供应商分类”命令，打开“供应商分类”对话框。

（2）输入供应商分类相关信息，如图 2-4 所示，单击“保存”按钮，单击“退出”按钮。

（3）单击“基础设置/往来单位/供应商档案”命令，打开“供应商档案”对话框。

（4）单击“增加”按钮，输入客户档案相关信息，如图 2-5 所示，单击“退出”按钮。

（5）单击“基础设置/往来单位/客户分类”命令，打开“客户分类”对话框。

（6）输入客户分类相关信息，如图 2-6 所示，单击“保存”按钮，单击“退出”按钮。

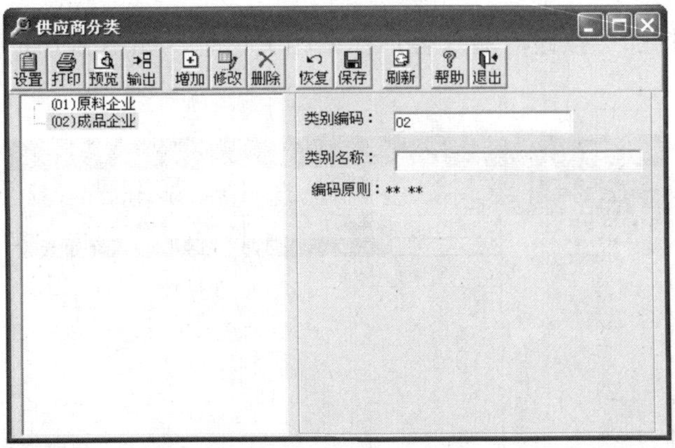

图 2-4　供应商分类

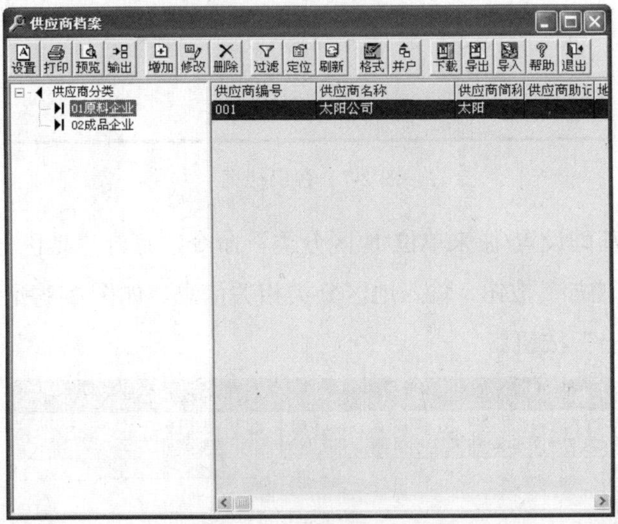

图 2-5　供应商档案

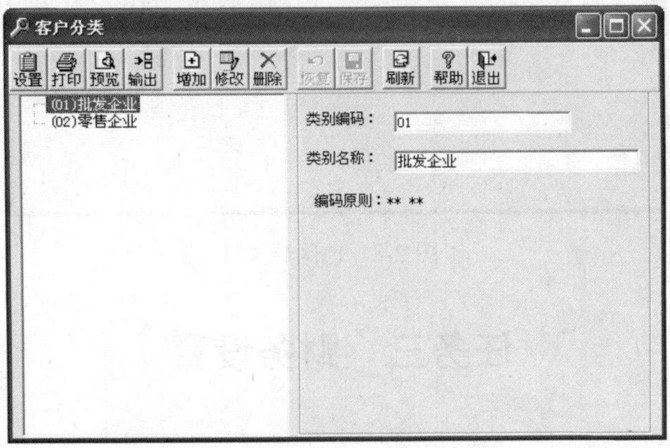

图 2-6　客户分类

（7）单击“基础设置/往来单位/客户档案”命令，打开“客户档案”对话框。

（8）单击“增加”按钮，输入客户档案相关信息，如图 2-7 所示，单击“退出”按钮。

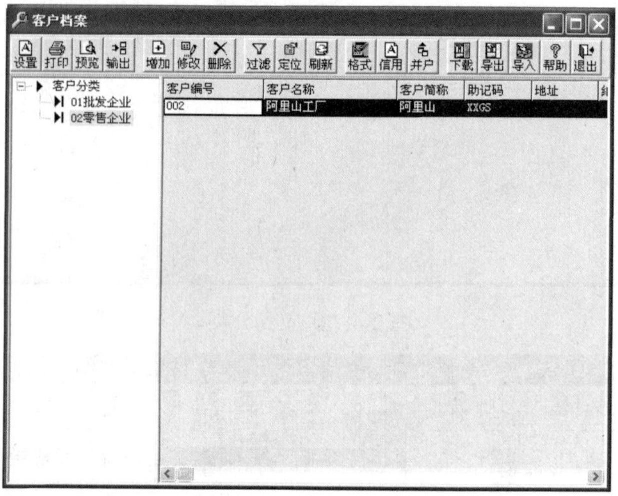

图 2-7　客户档案

（9）单击“基础设置/往来单位/地区分类”命令，打开“地区分类”对话框。

（10）单击“增加”按钮，输入地区分类相关信息，如图 2-8 所示，单击“保存”按钮，单击“退出”按钮。

图 2-8　地区分类

任务三　财务设置

任务导入

在基础档案中需要进行会计科目、凭证类别的设置。

任务要求

根据相关企业资料，张会计在畅捷通 T3 财务软件中进行会计科目、凭证类别的设置。

知识准备

一、会计科目设置

设置会计科目就是将会计科目逐一地按系统要求描述给系统。可根据系统特点，充分利用计算机处理的优势，对原有手工科目进行优化组合。软件事先预设了一级会计科目，只需要进一步设定其他低级科目即可。

设置会计科目是会计核算方法之一，它用于分门别类地反映企业经济业务核算资料，为登记账簿、编制财务会计报表奠定基础，便于提供详细、总括的核算信息，便于经营管理者做出经营决策，制定经营目标。

财务软件中所采用的一级会计科目，必须符合国家会计制度的规定；而明细科目，各使用单位可根据实际情况，在满足核算和管理要求及报表数据来源的基础上自行设定。具体设置原则如下。

第一，会计科目的设置必须满足会计报表编制的要求，凡是报表所用数据，需要从总系统中取数的，必须设立相应的科目。

第二，会计科目的设置必须保持科目与科目间的协调性和体系完整性。不能只有下级科目，而没有上级科目；既要设置总账科目又要设置明细科目，用来提供总括和详细的会计核算资料。

第三，会计科目要保持相对稳定，会计年中不能删除；如使用不能增设下一级明细科目。会计科目名称的设置，一级会计科目名称按国家会计制度的规定，明细科目的名称要通俗易懂，具有普遍的适用性。

第四，设置会计科目要考虑到与子系统的衔接。在总账系统中，只有末级会计科目才允许有发生额，才能接收各个子系统转入的数据，因此，要将各个子系统中的核算科目设置为末级科目。

在建立会计科目时，输入的基本内容包括：科目编码、科目名称、科目类型、助记码、账页格式、辅助核算、其他核算、科目性质、外币核算、数量核算等。具体操作如下。

（1）增加会计科目。

（2）修改会计科目。

（3）删除会计科目：如果某些科目目前暂时不用或不适合企业科目体系的特点，可以将其删除。

（4）指定会计科目：指定会计科目是指定出纳的专管科目。

（5）设置辅助核算标记：一个科目设置了辅助核算后，它所发生的每一笔业务将会登记在总账和辅助明细账上。可以进行辅助核算的内容主要有：部门核算、个人往来、客户往来、供应商往来及项目核算等。

① 管理费用应设成部门核算。

② 生产成本设成项目核算。

③ 应收账款设成客户往来核算。

④ 应付账款设成供应商往来核算。

⑤ 其他应收款设成个人往来核算。

⑥ 辅助账类必须设在末级科目上，但为了查询或出账方便，可以在其上级和末级科目上同时设置辅助账类。

二、凭证类别设置

1. 选择凭证类别

在开始用计算机录入凭证之前，应在系统中设置凭证类别，如收款凭证、付款凭证、转账凭证。凭证类别可根据需要进行设置。系统提供了常用的分类方式，可供选择。

2. 确定限制条件

选择“分类方式”后，如果所使用的凭证类别有限制，可以相应地设置该种凭证的限制条件，以便提高凭证处理的准确性。

任务描述

一、按表 2-8 资料增加会计科目

增加会计科目如表 2-8 所示。

表 2-8 增加会计科目

科目编码	科目名称	辅助核算
100201	工行存款	
100202	中行存款	
122101	应收职工款	个人往来
122102	应收部门款	部门核算
140301	A 材料	数量核算（单位：千克）
140302	B 材料	数量核算（单位：千克）
140501	甲产品	数量核算（单位：吨）
140502	乙产品	数量核算（单位：吨）
222101	应交增值税	
22210101	进项税额	
22210102	销项税额	
500101	直接材料	项目核算
500102	直接人工	项目核算
500103	制造费用	项目核算
660201	薪资及福利	部门核算
660202	办公费	部门核算
660203	差旅费	部门核算
660204	福利费	部门核算
660205	折旧费	部门核算
660206	其他	部门核算

二、修改会计科目

1122“应收账款”科目辅助账类型为“客户往来”。

1123“预付账款”科目辅助类型为“供应商往来”。

2202“应付账款”科目辅助账类型为“供应商往来”。

2203“预收账款”科目辅助类型为“客户往来”。

6001“主营业务收入”科目辅助账类型为“项目核算”。

6401“主营业务成本”科目辅助账类型为“项目核算”。

三、指定会计科目

指定“库存现金”为现金总账科目、“银行存款”为银行总账科目。

四、按表 2-9 资料设置凭证类别

凭证类别如表 2-9 所示。

表 2-9 凭证类别

类别名称	限制类型
记账凭证	无限制

任务处理

（1）单击“基础设置/财务/会计科目”命令，进入“会计科目”对话框，如图 2-9 所示。

图 2-9 “会计科目”对话框

（2）单击“增加”按钮，进入“会计科目__新增”对话框，输入科目编码“140301”和科目中文名称“A 材料”，勾选“数量核算”选项，在“计量单位”中填入“千克”，如图 2-10 所示，单击“确定”按钮。

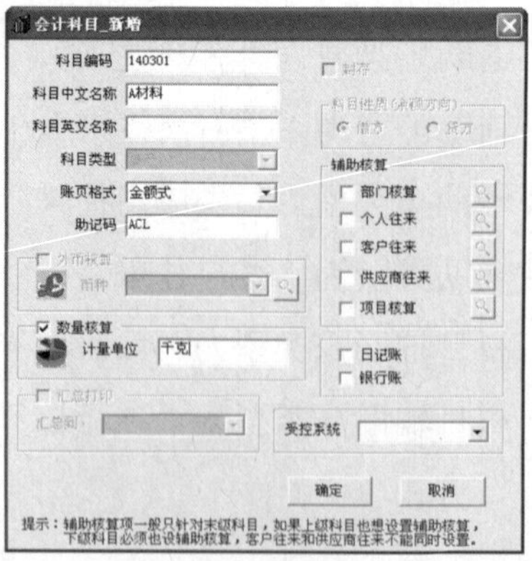

图 2-10 “会计科目__新增”对话框

（3）双击“应收账款（1122）”，打开“会计科目__修改”对话框，单击“修改”按钮。在“辅助核算”列表框中勾选“客户往来”复选框，如图 2-11 所示，单击“确定”按钮，再单击“返回”按钮。

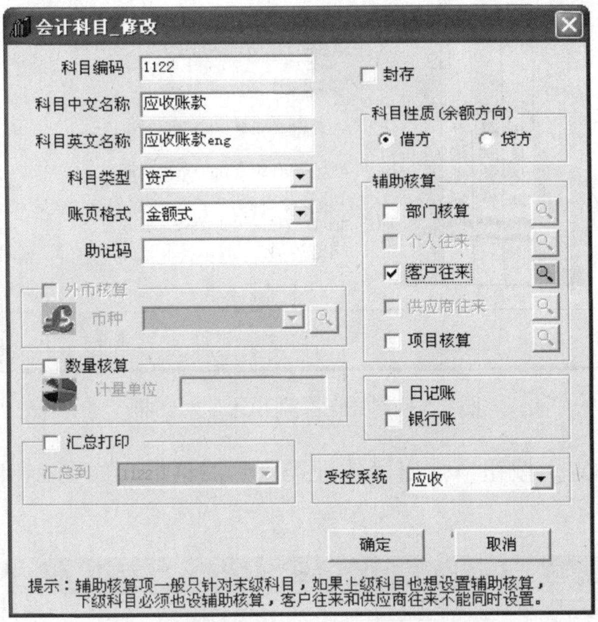

图 2-11 “会计科目__修改”对话框

（4）在“会计科目”对话框中，执行“编辑/指定科目”菜单命令，进入“指定科目”对话框，如图 2-12 所示，单击“现金总账科目”单选按钮，单击选中“1001 库存现金”科目，单击“>”按钮，将“1001 库存现金”科目由待选科目选入已选科目。同理，将“1002 银行存款”由待选科目选入已选科目，单击“确认”按钮。

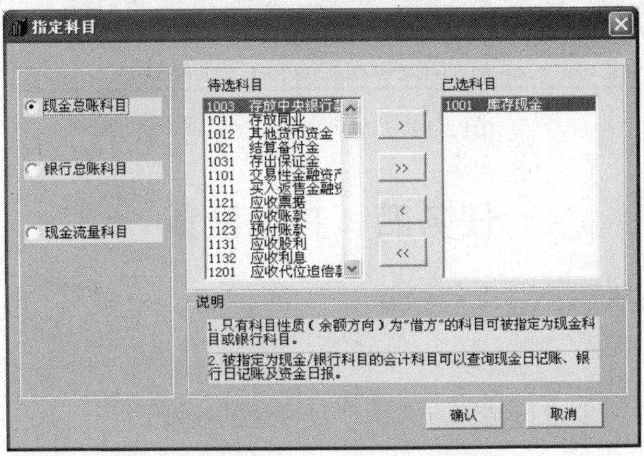

图 2-12 “指定科目”对话框

（5）单击“基础设置/财务/凭证类别”命令，选择分类方式“记账凭证”单选按钮，如图 2-13 所示。

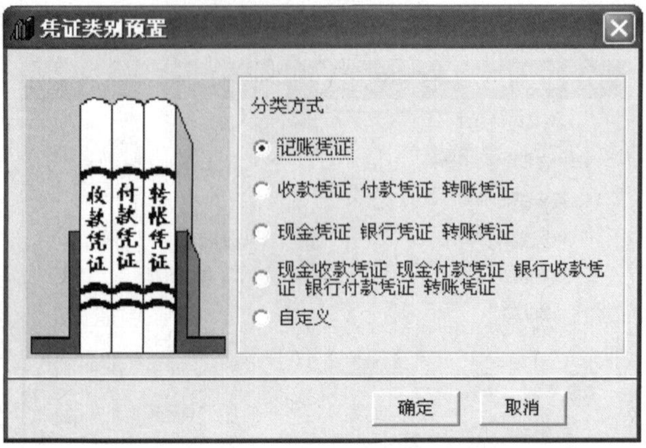

图 2-13 “凭证类别预置”对话框

（6）单击“确定”按钮，弹出“凭证类别”对话框，如图 2-14 所示，单击“退出”按钮。

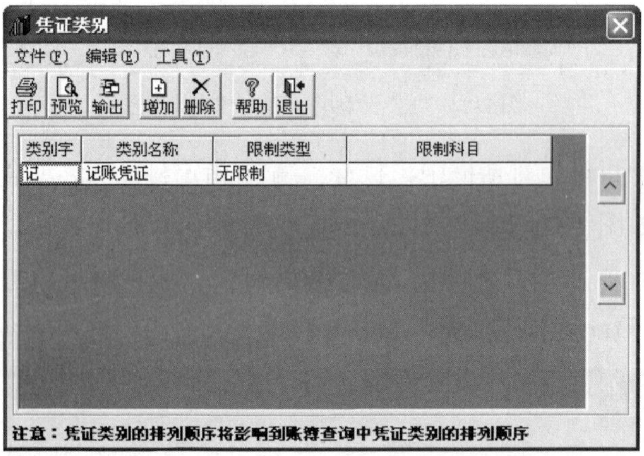

图 2-14 “凭证类别”对话框

任务四 其他设置

任务导入

在基础档案中需要进行结算方式、项目目录的设置。

任务要求

根据相关企业资料，张会计在畅捷通 T3 财务软件中进行结算方式、项目目录的设置。

知识准备

一、收付结算设置

该功能用来建立和管理在经营活动中所涉及的货币结算方式。它与财务结算方式一致，如现金结算、支票结算等。

（1）必须按照结算方式编码级次的先后顺序录入。

（2）结算方式的录入内容必须唯一。

（3）票据管理的标志可以根据实际情况选择是否需要。

（4）结算方式的编码规则已经在建立账套时设定，如果要修改，可以在系统控制台中的基础设置中进行。

二、项目目录设置

一个单位项目核算的种类可能多种多样，如在建工程、对外投资、技术改造、融资成本、在产品成本、课题、合同订单……为进一步对部分成本费用及收入进行管理，在手工方式下，一般通过按具体的项目开设明细账进行核算，这样必然增加了明细科目的级次，同时给会计核算和管理资料的提供均带来了极大的困难。

为了满足企业的实际需要，在计算机账务系统中，借助于计算机处理数据的特点，设计了项目核算与管理功能模块，为企业定义了多个种类的项目核算，将具有相同特性的一类项目定义成一个项目大类。一个项目大类可以核算多个项目，为了便于管理，企业还可以对这些项目进行分级管理。

通过该功能模块，不仅可方便地实现对部分成本费用和收入的按项目核算，而且为这些成本费用及收入情况的管理提供了快速方便的辅助手段。因此，系统要求在建立会计科目时，先设置相关的项目核算科目，然后再定义项目目录。

1. 定义项目大类

项目大类即项目核算的分类类别。例如，主营业务收入按产品项目核算，其项目大类可定义为产品核算。

2. 指定核算科目

指定核算科目就是具体指定需要按此类项目核算。

3. 定义项目目录

定义项目目录是将各个项目大类中的具体项目输入系统。具体输入的内容又取决于项目栏目中所定义的栏目名称或数据。

任务描述

一、按表 2-10 资料设置结算方式

结算方式如表 2-10 所示。

表 2-10　结算方式

结算方式编码	结算方式名称	票 据 管 理
1	现金结算	否
2	支票结算	否
201	现金支票	是
202	转账支票	是
3	银行汇票	否
4	商业汇票	否
401	商业承兑汇票	否
402	银行承兑汇票	否
5	其他	否

二、按表 2-11 资料设置项目目录

项目目录如表 2-11 所示。

表 2-11　项目目录

<table>
<tr><td rowspan="3">项 目 目 录
核 算 科 目</td><td colspan="2">产　品</td></tr>
<tr><td colspan="2">产 品 类</td></tr>
<tr><td>甲 产 品</td><td>乙 产 品</td></tr>
<tr><td>500101 直接材料</td><td colspan="2">否</td></tr>
<tr><td>500102 直接人工</td><td colspan="2">否</td></tr>
<tr><td>500103 制造费用</td><td colspan="2">否</td></tr>
<tr><td>6001 主营业务收入</td><td colspan="2">否</td></tr>
<tr><td>6401 主营业务成本</td><td colspan="2">否</td></tr>
</table>

任务处理

（1）单击“基础设置/收付结算/结算方式”命令，打开“结算方式”对话框。

（2）单击“增加”按钮，输入类别编码和类别名称，单击“保存”按钮或者按F6键，如图2-15所示，单击“退出”按钮。

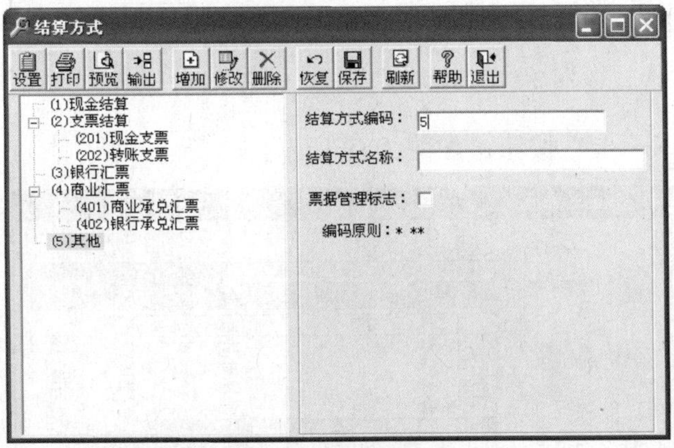

图2-15　结算方式

（3）单击“基础设置/财务/项目目录”命令，打开“项目档案”对话框。

（4）单击“增加”按钮，打开“项目大类定义＿增加”对话框，输入新项目大类名称“产品”，其他信息采用默认设置，如图2-16所示。

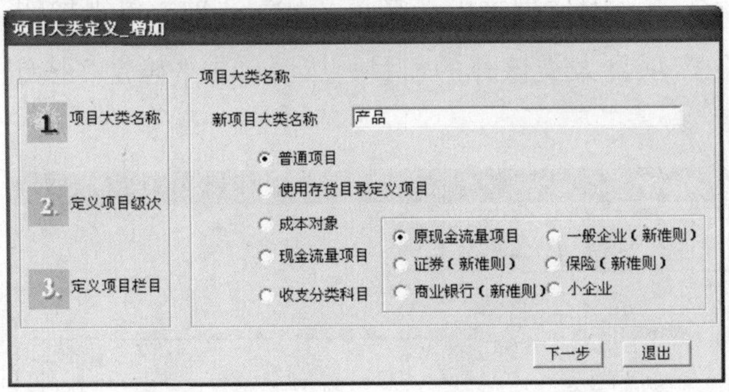

图2-16　项目大类定义——项目大类名称

（5）单击“下一步”按钮，如图2-17所示。

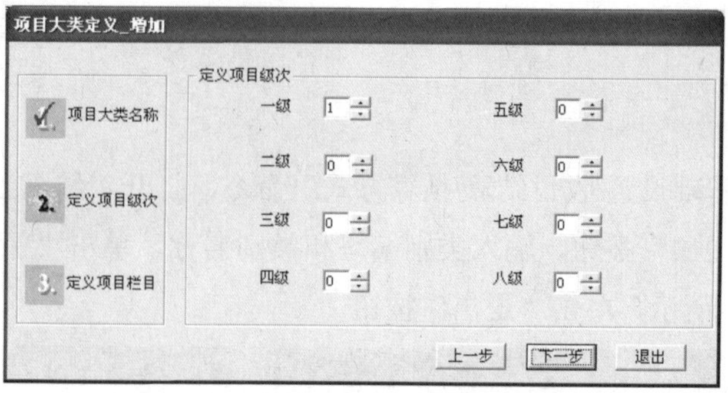

图 2-17　项目大类定义——定义项目级次

（6）单击“下一步”按钮，如图 2-18 所示。

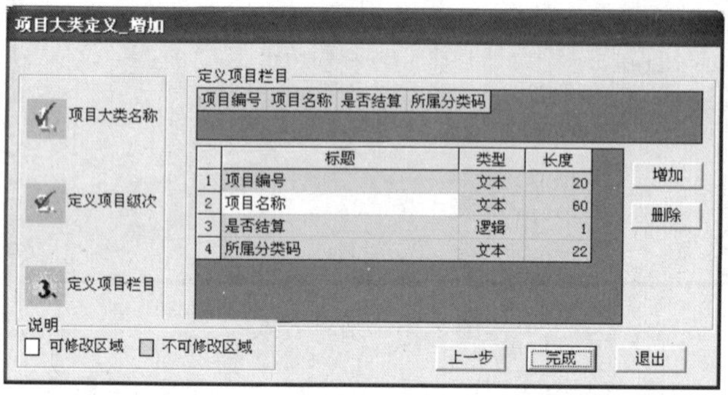

图 2-18　项目大类定义——定义项目栏目

（7）单击“完成”按钮，返回“项目档案”对话框。

（8）从“项目大类”下拉列表中选择“产品”选项，单击按钮将全部待选科目选择为按产品生产项目大类核算的科目。然后单击“确定”按钮保存，如图 2-19 所示。

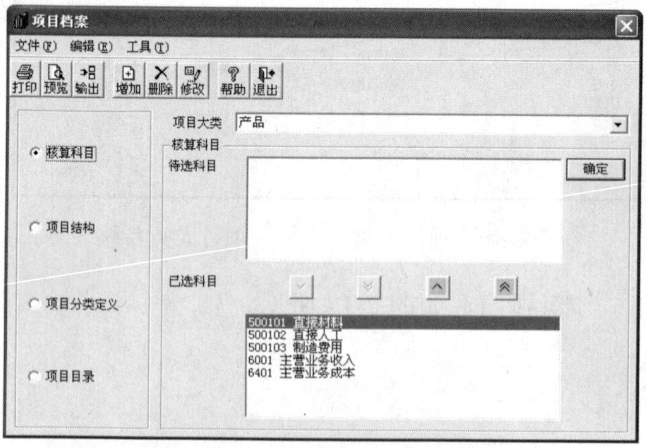

图 2-19　项目档案——核算科目

（9）选中“项目分类定义”单选按钮，输入分类编码“1”、分类名称“产品类”，单击“确定”按钮保存。同理，设置其他项目分类，如图 2-20 所示。

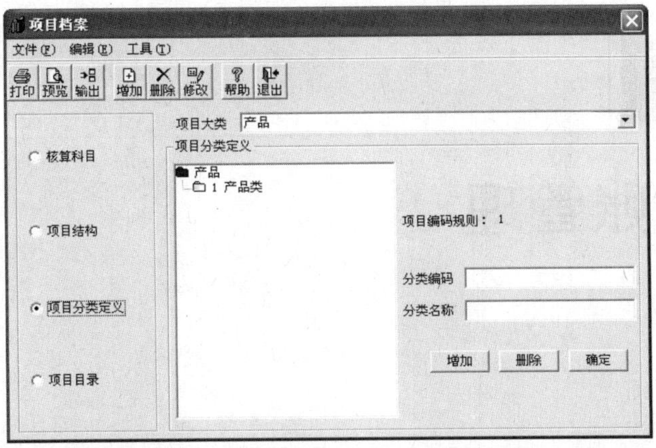

图 2-20　项目档案——项目分类定义

（10）选中“项目目录”单选按钮，再单击“维护”按钮，打开“项目目录维护”对话框。单击“增加”按钮，按要求输入项目目录，如图 2-21 所示，然后单击“退出”按钮。

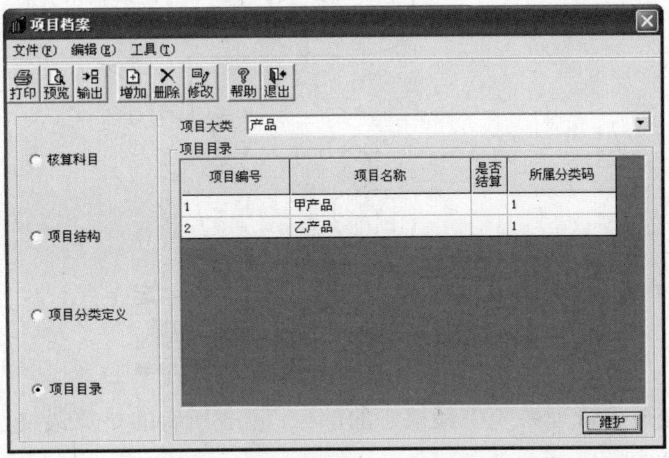

图 2-21　项目档案——项目目录

项目三

总账管理

项目引领

总账系统是财务管理系统中最核心的部分，企业所有的核算最终在总账中体现。总账处理主要是围绕记账凭证进行的。

项目目标

知识目标

（1）掌握畅捷通 T3 财务软件中总账系统初始设置的相关内容。

（2）理解总账系统初始设置的意义。

（3）掌握总账系统初始设置的操作方法。

能力目标

（1）能设置总账参数及不同科目的期初余额。

（2）学会凭证的填制及凭证的处理操作。

（3）能查询各种账簿。

（4）能进行总账账务期末处理操作。

任务一　总账初始化

任务导入

初始化的主要内容包括选项设置、基础档案设置和科目期初余额设置。

任务要求

根据相关会计资料，张会计在畅捷通 T3 财务软件中进行科目期初余额设置。

知识准备

一、总账参数设置

总账初始化时首先进行业务处理控制参数设置，它决定了系统的数据输入、处理、输出的内容和形式。

在总账初始化中需要设置的业务控制参数包括制单控制、凭证控制、外币核算、预算控制、账簿打印格式控制、会计日历控制及其他参数控制。企业应根据实际情况，在建立账套之前正确选择适合于本企业的各种参数，以达到会计核算和财务管理的目的。

（1）凭证选项设置。

（2）账簿选项设置。

（3）会计日历。

（4）其他选项。

二、期初余额录入

为了保证会计数据连续完整，并与手工账簿数据衔接，账务系统第一次投入使用前还需要将各种基础数据录入系统。这些基础数据主要是各明细科目的年初余额和系统启用前各月的发生额。其上级科目的余额和发生额由系统自动进行汇总。

在输入期初数据时，如果某一科目设置了辅助核算类别，还应输入辅助核算类别的有关初始余额。

1. 录入基本科目余额

在开始使用总账系统时，应先将各账户启用月份的月初余额和年初到该月的借贷方累计发生额计算清楚，并输入总账系统中。

如果是年初建账，可以直接录入年初余额；如果是年中建账，则可录入启用当月（如4月）的期初余额及年初未用月份（1—3月）的借、贷方累计发生额，系统自动计算年初余额。

（1）如果某科目为数量、外币核算，应录入期初数量、外币余额，而且必须先录入本币余额，再录入数量、外币余额。

（2）非末级会计科目余额不用录入，系统将根据其下级明细科目自动汇总计算填入，其数据栏为黄色。

（3）出现红字余额用负号输入。

（4）修改余额时，直接输入正确数据即可，然后单击“刷新”按钮进行刷新。

（5）凭证记账后期初余额变为浏览只读状态，不能再修改。

2. 录入个人往来科目余额

如果某科目涉及个人往来辅助核算，则需要在系统打开的“个人往来期初”对话框中输入相关信息。

3. 录入项目科目余额

如果某科目涉及项目辅助核算，则需要在系统打开的“项目参照”对话框中输入相关的信息。

4. 录入单位往来科目余额

如果某科目涉及客户供应商辅助核算，则需要在系统打开的“客户往来期初”或“供应商往来期初”对话框中输入相关的信息。

5. 调整余额方向

在录入会计科目余额时，系统提供了调整余额方向的功能，即在还未录入会计科目余额时如果发现会计科目的余额方向与系统设置的方向不一致，可以对方向进行调整。

6. 试算平衡

期初余额及累计发生额输入完成后，必须依据“资产=负债+所有者权益+收入-成本费用”的原则进行试算平衡。校验工作由计算机自动完成。

任务描述

请以账套主管“张强”（编号：A01；口令：1；日期：2018 年 1 月 1 日）身份为大地股份有限公司进行总账初始化设置。

一、录入总账科目期初余额

总账科目期初余额如表 3-1 所示。

表 3-1　总账科目期初余额

科目名称	方向	期初余额（元）
1001 库存现金	借	2 106
100201 工行存款	借	222 000
100202 中行存款	借	82 750
140501 甲产品	借	50 000
		100 吨
140502 乙产品	借	90 000
		100 吨
1601 固定资产	借	575 000
1602 累计折旧	贷	93 000
2001 短期借款	贷	100 000
4001 实收资本	贷	692 656

二、录入往来科目余额

1. 122101 其他应收款——应收职工款

其他应收款——应收职工款科目余额如表 3-2 所示。

表 3-2　其他应收款——应收职工款科目余额

部门	个人	摘要	方向	期初余额（元）
办公室	李明	期初余额	借	1 500
采购部	王林	期初余额	借	2 300

2. 1122 应收账款

应收账款科目余额如表 3-3 所示。

表 3-3　应收账款科目余额

客　　户	摘　　要	方　　向	期初余额（元）
长江工厂	期初余额	借	60 000
阿里山工厂	期初余额	借	80 000

3. 2202 应付账款

应付账款科目余额如表 3-4 所示。

表 3-4　应付账款科目余额

供　应　商	摘　　要	方　　向	期初余额（元）
太阳公司	期初余额	贷	160 000
星星公司	期初余额	贷	120 000

任务处理

一、录入总账科目期初余额

（1）双击打开桌面的畅捷通 T3 财务软件，用户名填入“A01”，密码填入“1”，选择“[100]大地股份有限公司”账套和“2018”年度，选择日期“2018-01-01”，单击“确定”按钮，进入畅捷通 T3 财务软件界面。

（2）单击“总账/设置/期初余额”命令，打开“期初余额录入”对话框。

（3）输入“1001 库存现金”科目的期初余额“2106”，按回车键确认；同理，输入实验资料中其他总账科目的期初余额，如图 3-1 所示。

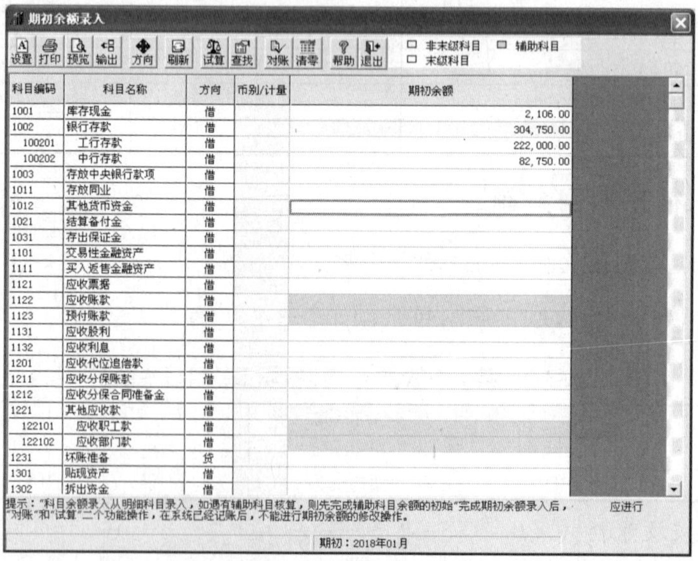

图 3-1　期初余额录入

注意事项

这里提到的总账科目余额是指无辅助核算科目的期初余额；期初余额只能在最末级明细科目上输入，上级科目的期初余额将自动计算并填列。

二、录入辅助账期初余额

（1）双击“应收职工款”的期初余额栏，进入“个人往来期初”对话框，单击“增加”按钮，输入实验资料中“应收职工款”的辅助核算信息，如图 3-2 所示。

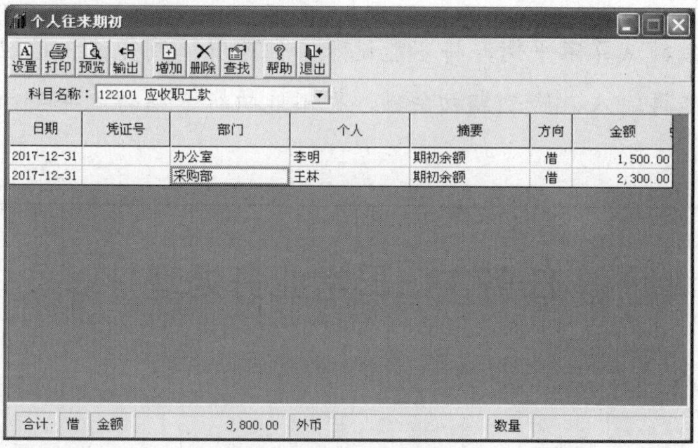

图 3-2 辅助账余额录入

（2）单击“退出”按钮；同理，输入实验资料中的其他辅助账期初余额。

注意事项

当不想输入某项内容而系统又提示必须输入时，可按 Esc 键取消输入。此操作在本软件中很多地方是适用的。

三、试算平衡

输完所有科目余额后，在“期初余额输入”对话框中单击“试算”按钮，打开“期初试算平衡表”对话框，单击“确认”按钮，如图 3-3 所示。若期初余额不平衡，则修改期初余额直到平衡为止。

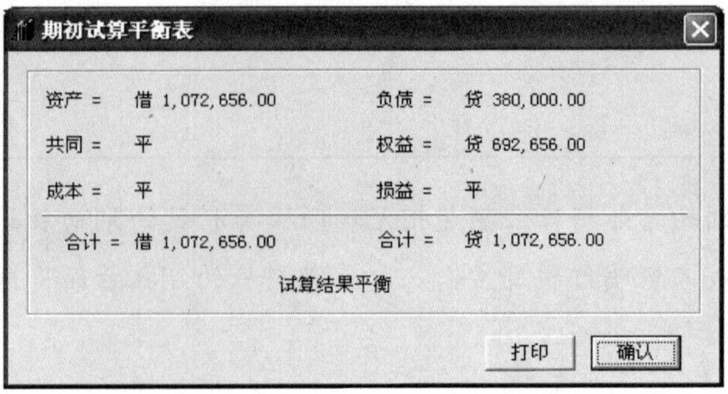

图 3-3 “期初试算平衡表”对话框

注意事项

期初余额试算不平衡，将不能记账，但可以填制凭证；已经记过账，则不能再输入、修改期初余额，也不能执行“结转上年余额”功能。

任务二　日常业务处理

任务导入

总账业务处理的主要内容包括填制凭证、审核凭证、查询账簿及记账。

任务要求

根据相关会计资料，张会计在畅捷通 T3 财务软件中进行凭证填制、审核和记账。

知识准备

在总账管理系统中，当初始化设置完成后，就可以进行日常账务处理了。本任务以一般的会计业务流程为线索，结合具体业务介绍日常会计业务处理的各项基本操作。

日常业务处理的任务是通过输入和处理各种记账凭证、审核凭证、记账，查询和打印输出各种凭证、日记账、明细账和总分类账，进行月末对账和结账，最终生成和输出各种常用报表等。

一、填制凭证

记账凭证是登记账簿的依据，是总账系统的唯一数据源，填制凭证也是最基础和频繁的工作。在实行计算机处理账务后，电子账簿的准确与完整完全依赖于记账凭证，因而在实际工作中，必须确保准确完整地输入记账凭证。

填制凭证过程中，出现错误凭证在所难免。为更正错误，系统提供了对错误凭证修改或删除的功能。

产生记账凭证的途径有 3 种：一是根据审核无误的原始凭证直接在计算机上编制记账凭证；二是先由人工编制记账凭证，再输入计算机；三是计算机自动生成的机制凭证。

凭证输入采用键盘输入、软盘引入、网络传输和自动生成机制凭证 4 种方式，键盘输入是最常用的形式。

1. 增加凭证

记账凭证一般包括两部分：一是凭证头部分，包括凭证类别、凭证编号、凭证日期和附件张数等；二是凭证正文部分，包括摘要、科目、借贷方向和金额等。如果输入会计科目有辅助核算要求，则应输入辅助核算内容；如果一个科目同时兼有多种辅助核算，则同时要求输入各种辅助核算的有关内容。

填制记账凭证时，应先完成凭证头部分的录入。此项操作对于录入各种类型的凭证，其操作步骤都是类似的。

（1）由于系统默认凭证保存时，不按凭证号顺序排列而按日期顺序排列，如不按序时制单将出现“凭证假丢失”现象。如有特殊需要可将其改为不按序时制单，则在制单时凭证号必须按日期顺序排列。

（2）在“附单据数”处可以按回车键通过，也可以输入单据数量。

（3）凭证一旦保存，其凭证类别、凭证编号均不能修改。

凭证头部分完成后，接下来输入凭证正文部分，这是填制凭证的重要环节，企业应根据具体经济业务内容，采用不同的方式填制凭证，而且每张凭证要求借贷平衡。

（1）正文中不同行的摘要可以相同也可以不同，但不能为空。每行摘要将随相应的会计科目在明细账、日记账中出现。新增分录完成后，按回车键，系统将摘要自动复制到下一分录行。

（2）会计科目可通过科目编码或助记码输入。

（3）科目编码必须是末级的科目编码。

（4）金额不能为“零”，红字以“－”号表示。如果方向不符，可按空格键调整金额方向，按“<=>”键可根据借贷方差额自动计算此笔分录的金额。

当输入具有辅助核算的科目时，要求输入相应的辅助信息。

（1）当输入一个不存在的个人姓名时，应先编辑该人姓名及其他资料。在录入个人信息时，若不输入“部门名称”只输入“个人名称”时，系统将根据所输入个人名称自动输入其所属的部门。

（2）其他辅助核算科目可以参照录入。

2. 修改凭证

输入凭证时，尽管系统提供了多种控制错误的手段，但错误操作是在所难免的，记账凭证的错误，必然影响系统的核算结果。为更正错误，可以通过系统提供的修改功能对错误凭证进行修改。

（1）若已采用制单序时控制，则在修改制单日期时，不能在上一张凭证的制单日期之前。

（2）若已选择不允许修改或作废他人填制的凭证权限控制，则不能修改或作废他人填制的凭证。

（3）如果涉及银行科目的分录已录入支票信息，并对该支票做过报销处理，修改操作将不影响“支票登记簿”中的内容。

（4）外部系统传递来的凭证不能在总账系统中修改，只能在生成该凭证的系统中进行修改。

（5）错误凭证的“无痕迹”修改。

无痕迹修改是指不留下任何曾经修改的线索和痕迹。下列两种状态下的错误凭证可实现无痕迹修改。

① 对已经输入但未审核的机内记账凭证可通过凭证的编辑输入功能直接进行修改或删除（但操作员只能修改自己填制的凭证，且凭证编号不能修改）。

② 已通过审核但还未记账的凭证不能直接修改，如果软件有取消审核的功能，先通过凭证审核功能取消审核后，再通过凭证的编辑输入功能进行直接修改。

3. 冲销凭证

若已记账的凭证发现有错，不允许直接修改。针对此类凭证的修改，会计制度要求留下审计线索，可以采用“红字凭证冲销法”或者“补充凭证法”进行更正，即有痕迹修改。错误凭证的有痕迹修改是指留下曾经修改的线索和痕迹，通过保留错误凭证和更正凭证的方式留下修改痕迹。

如果需要冲销某张已记账的凭证，可以采用“制单”中的“冲销凭证”命令制作红字冲销凭证。

4. 作废及删除凭证

日常操作过程，若遇到非法凭证需要作废时，可以使用“作废/恢复”功能，将这些凭证作废。

（1）账簿查询时，找不到作废凭证的数据。

（2）若当前凭证已作废，可单击“制单”菜单中的“作废/恢复”选项，取消作废标志，并将当前凭证恢复为有效凭证。

（3）只能对未记账的凭证作凭证整理。

（4）已记账凭证作凭证整理，应先取消记账，再作凭证整理。

（5）作废凭证仍保留凭证内容及编号，显示“作废”字样。

（6）作废凭证不能修改，不能审核。

（7）在记账时，已作废的凭证应参与记账，否则月末无法结账，但不对作废凭证作数据处理，相当于一张空凭证。

（8）如果作废凭证不想保留，那么可以通过“凭证删除 / 整理”功能，将其彻底删除，并对未记账凭证重新编号。

二、审核凭证

审核凭证是指由具有审核权限的操作员按照会计制度规定，对制单人填制的记账凭证进行合法性检查。其目的是防止错误及舞弊。

屏幕审核时，可直接根据原始凭证，对屏幕上显示的记账凭证进行审核，对正确的记账凭证，发出签字指令，计算机在凭证上填入审核人名字。

（1）在确认一批凭证无错误时可以单击“审核”菜单中的“成批审核凭证”功能，以便加快审核签字速度，但请慎用。

（2）作废凭证不能被审核，也不能被标错。

（3）审核人和制单人不能是同一个人，凭证一经审核，不能被修改、删除，只有取消审核签字后才可操作，已标错的凭证不能被审核，需要先取消标错后才能审核。

（4）执行审核后，系统将自动翻页，或单击“首张”、“上张”、“下张”、“末张”按钮翻页或按“查询”按钮重新输入条件查找其他待审核凭证。

审核凭证包括出纳签字、审核凭证两个方面。

1. 出纳签字

为加强企业现金收入与支出的管理。出纳人员可通过“出纳签字”功能对制单员填制的带有现金或银行科目的凭证进行检查核对，主要核对出纳凭证的出纳科目的金额是否正确，审查认为错误或有异议的凭证，应交填制人员修改后再核对。

2. 审核凭证

屏幕审核时，可直接根据原始凭证，对凭证上显示的记账凭证进行审核，对正确的记账凭证，发出签字命令，计算机在凭证上填入审核人的名字。

三、记账及取消记账

记账是以会计凭证为依据，将经济业务全面、系统、连续地记录到具有账户基本结构的账簿中去的一种方法。

在手工方式下，记账是由会计人员根据已审核的记账凭证及所附有的原始凭证逐笔或汇总后登记有关的总账和明细账。

在电算化方式下，记账是由有记账权限的操作员发出记账指令，由计算机按照预先设计的记账程序自动进行合法性检查、科目汇总、登记账簿等。

1. 记账

记账凭证经审核及出纳签字后，即可以进行登记总账、明细账、日记账及往来账等操作。本系统记账采用向导方式，使记账过程更加明确，记账工作由计算机自动进行数据处理，不用人工干预。

（1）未审核凭证不能记账，记账范围应小于等于已审核范围。

（2）作废凭证不需要审核可直接记账。

（3）在设置过程中，如果发现某一步设置错误，可单击“上一步”返回后进行修改。如果不想再继续记账，可单击“取消”，取消本次记账工作。

（4）记账过程一旦断电或其他原因造成中断后，系统将自动调用“恢复记账前状态”恢复数据，然后再重新记账。

（5）在记账过程中，不得中断退出。

2. 取消记账

如果由于某种原因，事后发现本月已记账的凭证有错误且必须在本月进行修改，利用“恢复记账前状态”功能，将本月已记账的凭证恢复到未记账状态，进行修改、审核后再进行记账。

四、凭证、账簿查询

企业发生的经济业务，经过制单、审核、记账操作之后，就形成了正式的会计账簿。

为了能够及时地了解账簿中的数据资料，并满足对账簿数据的统计分析及打印的需要，在总账系统中，系统提供了强大的查询功能，包括基本会计核算账簿的查询输出、各种辅助核算账簿及现金和银行存款日记账的查询和输出。整个系统实现总账、明细账、凭证联查功能。

1. 凭证查询

凭证查询用于查询已记账及未记账的凭证。

2. 总账查询

总账查询不但可以查询各总账科目的年初余额、各月发生额合计和月末余额，而且还可以查询所有各级明细科目的年初余额、各月发生额合计和月末余额。

（1）如果需要查看明细账还可在“总账查询”窗口中单击“明细”按钮。

（2）如果需要查询包含未记账凭证的总账，则应选中“包含未记账凭证”复选框。

（3）可将查询条件保存到“我的账簿”中。

3. 发生额及余额表查询

发生额及余额表查询与总账查询基本相似，余额表用于查询统计各级科目的本期发生额、累计发生额和余额等。

4. 明细账查询

本功能用于平时查询各账户的明细发生情况，及按任意条件组合查询明细账。在查询过程中可以包含未记账凭证。

任务描述

一、填制凭证

请以会计“陈红”（编号：A02；口令：2；日期：2018 年 1 月 1 日）身份为大地股份有限公司填制记账凭证。

（1）2 日，以中国工商银行存款支付太阳公司上月欠款 160 000 元，附单据 1 张，如图 3-4 所示。

中国工商银行
转账支票存根
10200020
11511506
附加信息
出票日期 2018年1月2日
收款人：太阳公司
金　额：¥160 000.00
用　途：偿还欠款
单位主管　　会计

中国工商银行　转账支票　　10200020 11511506
出票日期（大写）贰零壹捌年零壹月零贰日　　付款行名称：中国工商银行北京市公主坟支行
收款人：太阳公司　　出票人账号：1234567890
付款期限自出票之日起十天

人民币（大写）	亿	千	百	十	万	千	百	十	元	角	分
壹拾陆万元整			¥	1	6	0	0	0	0	0	0

用途　偿还欠款　　密码　2657658060530265
上列款项请从
我账户内支付
出票人签章　大地股份有限公司 财务专用章　明李 印敏
复核 陈红　　记账 李明

图 3-4　原始单据——转账支票——太阳公司

（2）5 日，向星星公司购买 A 材料 100 千克，每千克 1 000 元，共计 100 000 元，增值税税率为 17%，货款尚未支付，货物已验收入库，附单据 2 张，如图 3-5、图 3-6 所示。

1100151140　　北京增值税专用发票　　№ 97398920　　1100151140 97398920
发票联　　开票日期：2018年1月5日

购买方
名　　称：大地股份有限公司
纳税人识别号：011345703402077
地 址 电 话：北京市西城区西四大街88号　010-88888888
开户行及账号：中国工商银行北京市公主坟支行 12345678901327576890

密码区
172312-4-275<1+46*54*82*59*
181321><8182*59*09618153</
<4 <3*2702-9>9*+153</0 >2-3
08/4>> >2-3*0/9/> >25-275<1

货物或应税劳务、服务名称	规格型号	单位	数量	单价	金额	税率	税额
A材料		千克	100	1 000.00	100 000.00	17%	17 000.00
合　计					¥100 000.00		¥17 000.00

价税合计（大写）　ⓧ壹拾壹万柒仟元整　　（小写）¥117 000.00

销售方
名　　称：星星公司
纳税人识别号：652090893752605
地 址 电 话：北京市朝阳区圣彩路925号　010-34993467
开户行及账号：中国工商银行北京市创旭路支行 7016406355103215340
备注　星星公司 652090893752605875 发票专用章

收款人：　　复核：赵武　　开票人：胡丽　　销售方：（章）

税总函[2018]××号×××××公司
第三联：发票联　购买方记账凭证

图 3-5　原始单据——增值税专用发票——A 材料

入　　库　　单　　No. 36948820

供货单位：星星公司　　2018年1月5日

编　号	品　名	规　格	单　位	数　量	单　价	金　额	备　注
	A材料		千克	100	1 000.00	100 000.00	
	合　计					100 000.00	

仓库主管：孙玲　　记账：王炎　　保管：李好　　经手人：张月　　制单：陈红

图 3-6　原始单据——入库单

（3）8 日，向阿里山工厂销售乙产品 100 吨，每吨 1 200 元，共计 120 000 元，增值税税率为 17%，货款收到存入工行，附单据 3 张，如图 3-7、图 3-8、图 3-9 所示。

1100151140　　北京增值税专用发票　　№ 57223767　　1100151140　57223767

记账联　　开票日期：2018年1月8日

税总函[2018]××号×××××公司

购买方	名　称：阿里山工厂 纳税人识别号：652090812342605 地 址 电 话：北京市创旭路　010-12345678 开户行及账号：中国工商银行北京市创旭路支行　70164063557856633408	密码区	172312-4-275<1+46*54*82*59* 181321><8182*59*09618153</ <4 <3*2702-9>9*+153</0 >2-3 *08/4>*> >2-3*0/9/> >25-275<1

货物或应税劳务、服务名称	规格型号	单位	数　量	单　价	金　额	税率	税　额
乙产品		吨	100	1 200.00	120 000.00	17%	20 400.00
合　　计					¥120 000.00		¥20 400.00
价税合计（大写）	⊗壹拾肆万零肆佰元整				（小写）¥140 400.00		

销售方	名　称：大地股份有限公司 纳税人识别号：011345703402077 地 址 电 话：北京市西城区西四大街88号　010-88888888 开户行及账号：中国工商银行北京市公主坟支行　12345678901327576890	备注	

收款人：　　复核：陈红　　开票人：李明　　销售方：（章）

第三联：记账联　售税方记账凭证

图 3-7　原始单据——增值税专用发票——乙产品

中国工商银行
转账支票存根
10200020
24185809
附加信息
出票日期 2018年1月8日
收款人：大地股份有限公司
金　额：¥140 400.00
用　途：货款
单位主管 沈月　会计 王敏

中国工商银行　转账支票　10200020　24185809

出票日期（大写）贰零壹捌 年零壹月零捌日　　付款行名称：中国工商银行北京市创旭路支行

收款人：大地股份有限公司　　出票人账号：70164063557856

付款期限自出票之日起十天

人民币（大写）	壹拾肆万零肆佰元整	亿	千	百	十	万	千	百	十	元	角	分
				¥	1	4	0	4	0	0	0	0

用途 货款　　密码 7628389328333666

上列款项请从
我账户内支付
出票人签章　　阿里山工厂 财务专用章　　李明印　　复核　　记账

海南华森印务有限公司·2018年印制

图 3-8　原始单据——转账支票——大地股份有限公司 1

出 库 单

No. 69021076

购货单位：阿里山工厂　　2018年1月8日

编号	品名	规格	单位	数量	单价	金额	备注
	乙产品		吨	100	1 200.00	120 000.00	
	合计					120 000.00	

第一联：存根联

仓库主管：　　记账：　　保管：　　经手人：　　制单：孙玲

图 3-9　原始单据——出库单

（4）8 日，销售部用现金支付广告费 500 元，附单据 1 张，如图 3-10 所示。

1100151140

北京增值税专用发票

№ 44996682　1100151140 44996682

发票联

开票日期：2018年1月8日

购买方	名　　称：大地股份有限公司 纳税人识别号：011345703402077 地 址 电 话：北京市西城区西四大街88号　010-88888888 开户行及账号：中国工商银行北京市公主坟支行 12345678901327576890	密码区	172312-4-275<1+46*54*82*59* 181321><8182*59*09618153</ <4 <3*2702-9>9*+153</0 >2-3 *08/4>*> >2-3*0/9/> >25-275<1

货物或应税劳务、服务名称	规格型号	单位	数量	单价	金额	税率	税额
广告费					471.70	6%	28.30
合　计					¥471.70		¥28.30
价税合计（大写）	⊗伍佰元整				（小写）¥500.00		

销售方	名　　称：晶晶公司 纳税人识别号：652090893752605875 地 址 电 话：北京市朝阳区圣彩路925号　010-87741845 开户行及账号：中国工商银行北京市朝阳区大屯路支行 77910418081811233212	备注	晶晶公司 652090893752605875 发票专用章

收款人：　　复核：　　开票人：　　销售方：（章）

税总函[2018]××号××××公司

第三联：发票联　购买方记账凭证

图 3-10　原始单据——增值税专用发票——广告费

（5）15 日，收到阿里山工厂销售货款 80 000 元，附单据 1 张，如图 3-11 所示。

中国工商银行
转账支票存根
10200020
39231102
附加信息
出票日期 2018年1月15日
收款人：大地股份有限公司
金　额：¥80 000.00
用　途：货款
单位主管 沈月　　会计 王敏

中国工商银行　转账支票　10200020 39231102

出票日期（大写）贰零壹捌年零壹月壹拾伍日　　付款行名称：中国工商银行北京市创旭路支行

收款人：大地股份有限公司　　出票人账号：70164063557856

付款期限自出票之日起十天

人民币（大写）	捌万元整	亿	千	百	十	万	千	百	十	元	角	分
				¥	8	0	0	0	0	0	0	

用途 货款　　密码 4418608688396968

上列款项请从
我账户内支付
出票人签章　　阿里山工厂 财务专用章　　李明印　　复核　　记账

图 3-11　原始单据——转账支票——大地股份有限公司 2

（6）16 日，采购部王林出差回来报销差旅费 2 200 元，交回多余现金 100 元，附单据 1 张，如图 3-12 所示。

差 旅 费 报 销 单

部门 采购部　　　　　　2018年1月16日

出差人										出差事由					
出发				到达				交通工具	交通费		出差补贴		其他费用		
月	日	时	地点	月	日	时	地点		单据张数	金额	天数	金额	项目	单据张数	金额
1	4		北京	1	4		天津			100.00			住宿费		1 500.00
1	8		天津	1	8		北京			100.00	5	500.00	市内车费		
													邮电费		
													办公用品费		
													不买卧铺补贴		
													其他		
合计										¥200.00		¥500.00			¥1 500.00
报销总额	人民币（大写）	贰仟贰佰元整							预借金额	¥2 300.00			补领金额		
													退还金额	¥100.00	

附件　张

主管：张强　　审核：　　出纳：李明　　领款人：

图 3-12　原始单据——差旅费报销单

（7）26 日，财务部用现金购买办公用品 380 元，附单据 1 张，如图 3-13 所示。

1100151140　　**北京增值税专用发票**　　№ 82865892　　1100151140　82865892

发票联　　开票日期：2018年1月26日

购买方	名称：大地股份有限公司 纳税人识别号：011345703402077 地址电话：北京市西城区西四大街88号 010-88888888 开户行及账号：中国工商银行北京市公主坟支行 12345678901327576890				密码区	172312-4-275<1+46*54*82*59* 181321><8182*59*09618153</ <4 <3*2702-9>9*+153</0 >2-3 *08/4>*> >2-3*0/9/> >25-275<1		
货物或应税劳务、服务名称	规格型号	单位	数量	单价	金额	税率	税额	
办公用品					324.79	17%	55.21	
合计					¥324.79		¥55.21	
价税合计（大写）	⊗叁佰捌拾元整				（小写） ¥380.00			
销售方	名称：六百 纳税人识别号：70164063551032 地址电话：北京市朝阳区武圣路11号 010-87742516 开户行及账号：中国工商银行北京市朝阳区大屯路支行 7791041808181 1245122				备注			

收款人：　　复核：　　开票人：　　销售方：（章）

税总函[2018]××号×××公司

第三联：发票联　购买方记账凭证

图 3-13　原始单据——增值税专用发票——办公用品

任务处理

一、填制凭证

（1）双击打开桌面“畅捷通 T3 应用软件”，用户名填入“A02”，密码填入“2”，选择“[100]大地股份有限公司”账套和“2018”年度，选择日期“2018-01-01”，单击“确定”按钮，进入“畅捷通 T3 应用软件”界面，如图 3-14 所示。

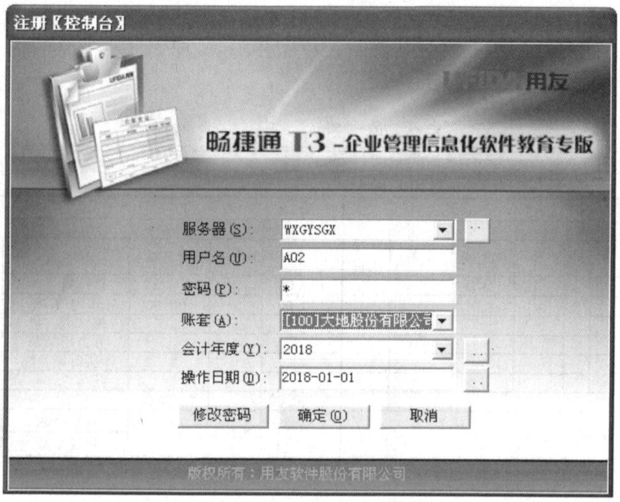

图 3-14　信息门户界面

（2）单击“总账/凭证/填制凭证”命令，或者单击“填制凭证”快捷按钮，打开“填制凭证”窗口。

（3）单击“增加”按钮，增加一张空白凭证。

（4）选择凭证类型“记账凭证”，输入制单日期“2018-01-02”。

（5）输入摘要“支付上月欠款”，输入借方科目“应付账款”，选择辅助供应商“太阳”，发生日期输入“2018-01-02”，如图 3-15 所示。

图 3-15　辅助项——供应商

（6）单击“确认”按钮，输入借方金额“160 000”，按回车键，摘要自动带到下一行。输入贷方科目“100201 工行”，选择辅助结算方式“202”（“转账支票”的代码为“202”），输入票号“24977157”，发生日期输入“2018-01-02”如图 3-16 所示。

图 3-16　辅助项——结算方式

（7）单击“确认”按钮，输入贷方金额“160 000”或者按“=”键，附单据数“1”，单击“保存”按钮，弹出“凭证已成功保存！”信息提示框，如图 3-17 所示。

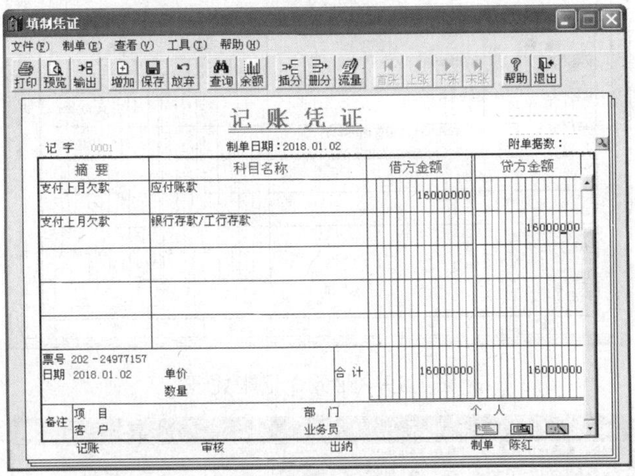

图 3-17 业务 1 记账凭证

（8）同理，输入任务描述中的其他业务，完成如下记账凭证，如图 3-18～图 3-23 所示。

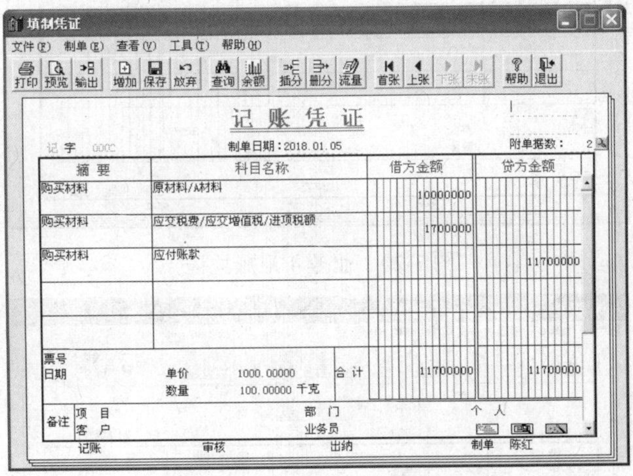

图 3-18 业务 2 记账凭证

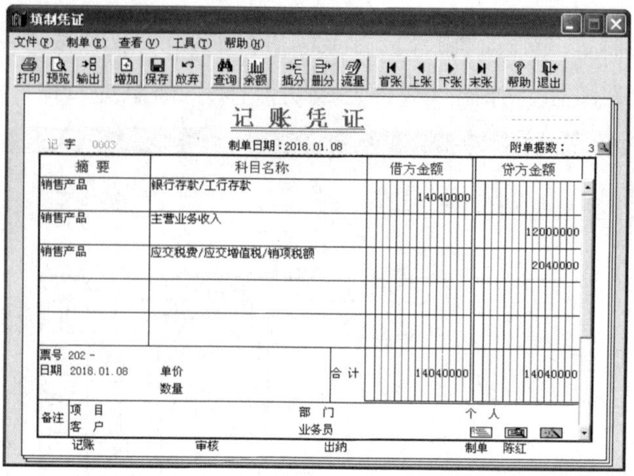

图 3-19 业务 3 记账凭证

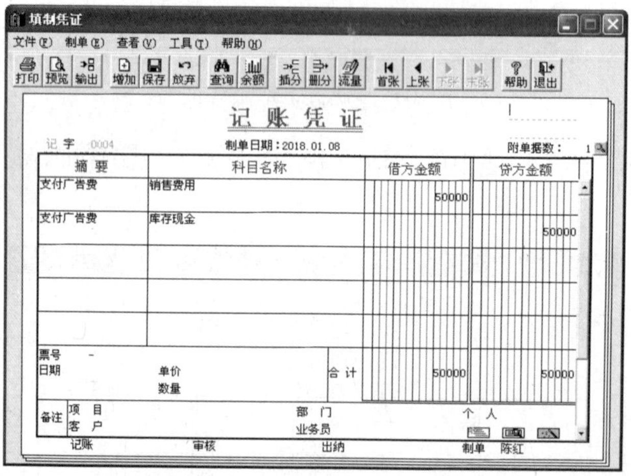

图 3-20 业务 4 记账凭证

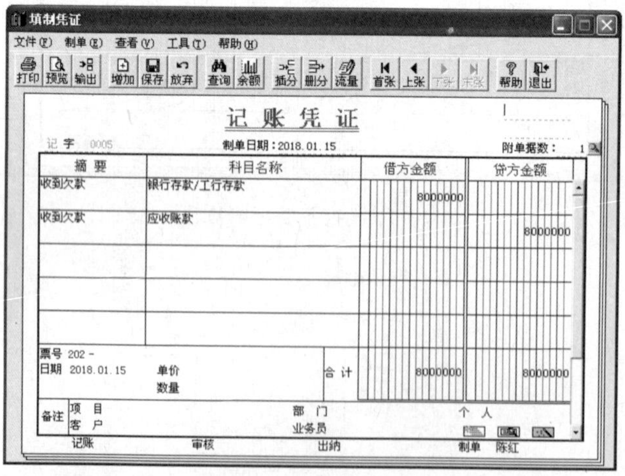

图 3-21 业务 5 记账凭证

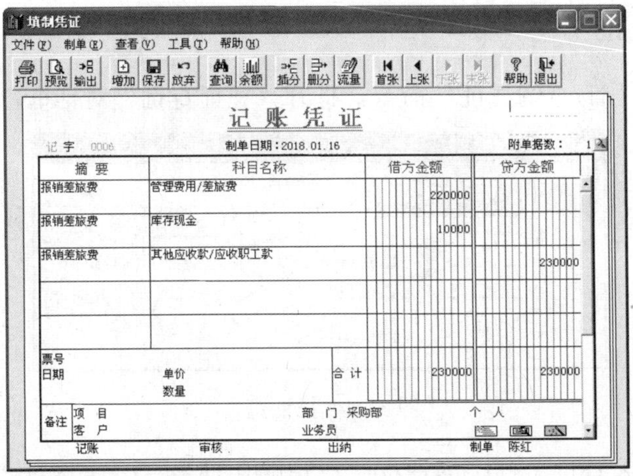

图 3-22　业务 6 记账凭证

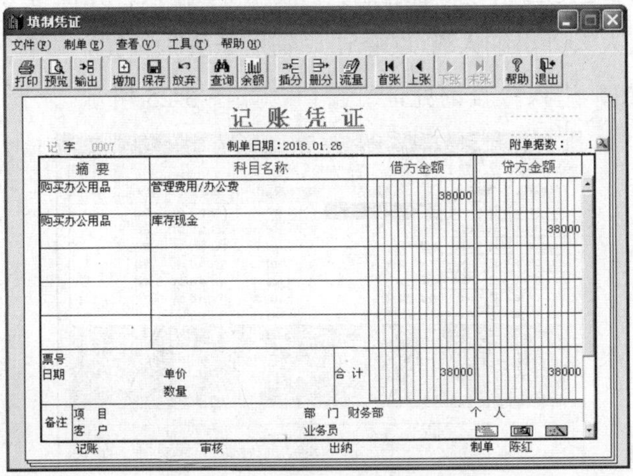

图 3-23　业务 7 记账凭证

注意事项

采用序时控制时，凭证日期应大于等于启用日期，不能超过业务日期；凭证一旦保存，其凭证类别、凭证编号不能修改；正文中不同行的摘要可以相同也可以不同，但不能为空。每行摘要将随相应的会计科目在明细账、日记账中出现；科目编码必须是末级的科目编码。既可以手工直接输入，也可以利用右边的放大镜按钮选择输入；金额不能为“零”；红字以“－”号表示；可按“=”键取当前凭证借贷方金额的差额到当前光标位置。

二、查询凭证

（1）单击“凭证/查询凭证”命令，打开“凭证查询”对话框，如图 3-24 所示。

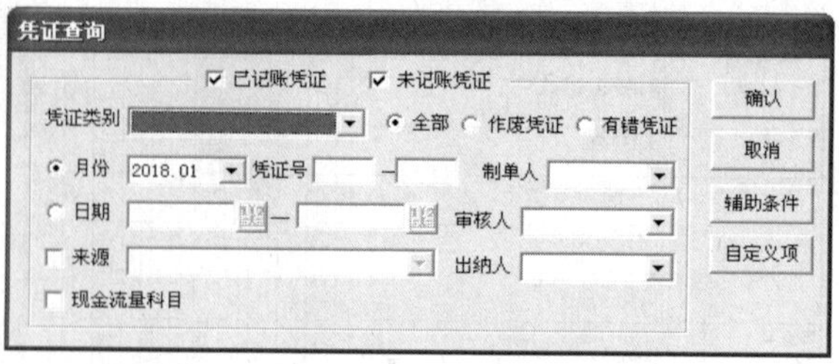

图 3-24　凭证查询

（2）选择输入查询条件①多选框“已记账凭证”；② 多选框“未记账凭证”；③下拉列表框“凭证类别”；④ 单选框“月份”；⑤输入“凭证号”；⑥ 下拉列表框“制单人”、“审核人”、“出纳人”；⑦单击“辅助条件”按扭，可输入更多查询条件，单击“确认”按钮，进入“查询凭证”窗口，如图 3-25 所示。

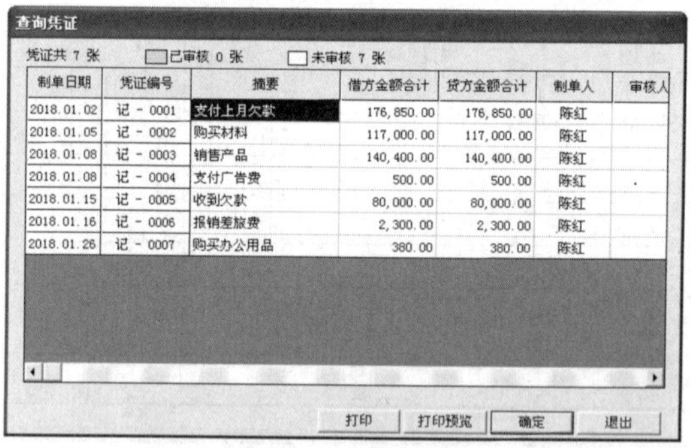

图 3-25　查询凭证

（3）双击某一凭证行，则屏幕可显示此张凭证，如图 3-26 所示。

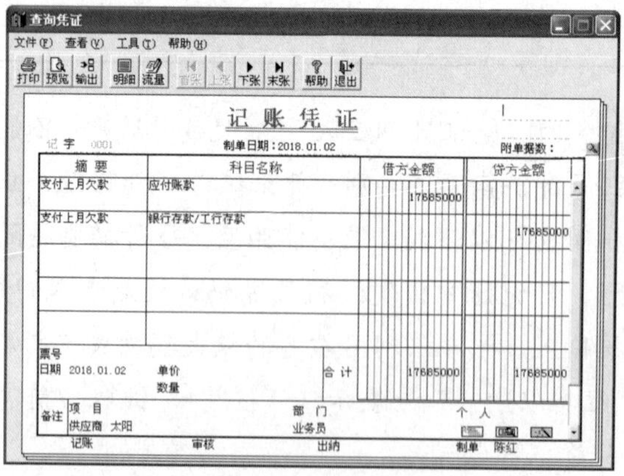

图 3-26　记账凭证

三、修改凭证（出纳无签字、凭证无审核、凭证无记账，由账套主管或制单人修改）

（1）单击“凭证/填制凭证”命令，打开“填制凭证”对话框，单击“查询”按钮，输入查询条件（如记账凭证 0004 号），找到要修改的凭证。

（2）对于凭证的一般信息，将光标放在要修改的地方，直接修改；如果要修改凭证的辅助项信息，首先选中辅助核算科目行，然后将光标置于备注栏辅助项，待鼠标变形时双击，弹出“辅助项”对话框，在对话框中修改相关信息。

（3）单击“保存”按钮，保存相关信息。

注意事项

出纳已签字、已审核、已记账的凭证应先取消出纳签字、审核、记账后，再进行修改，后面有操作介绍。

注意事项

若已采用制单序时控制，则在修改制单日期时，不能在上一张凭证的制单日期之前；若选择“不允许修改或作废他人填制的凭证”权限控制，则不能修改或作废他人填制的凭证；如果涉及银行科目的分录已录入支票信息，并对该支票做过报销处理，修改操作将不影响“支票登记簿”中的内容；外部系统传过来的凭证不能在总账系统中进行修改，只能在生成该凭证的系统中进行修改。

四、出纳签字

请以出纳“李明”（编号：A03；口令：3；日期：2018 年 1 月 1 日）身份为大地股份有限公司记账凭证进行出纳签字。

（1）以账套主管“A03 李明”的身份登录“畅捷通 T3 应用软件”，用户名填入“A03”，密码填入“3”，选择“[100]大地股份有限公司”账套和“2018”年度，选择日期“2018-01-01”，单击“确定”按钮，进入“畅捷通 T3 应用软件”界面。

注意事项

凭证填制人和出纳签字人可以为不同的人，也可以为同一个人；按照会计制度规定，凭证的填制与审核不能是同一个人；在进行出纳签字和审核之前，通常需要先更换操作员。

（2）单击“总账/凭证/出纳签字”命令，打开“出纳签字”对话框，如图 3-27 所示。

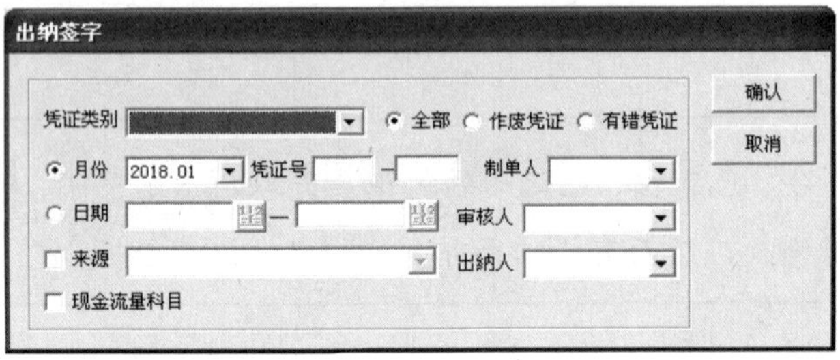

图 3-27 “出纳签字”对话框

（3）单击“全部”单选按钮，输入月份“2018-01”。单击“确认”按钮，进入“出纳签字”的凭证列表窗口。双击某一要签字的凭证或者单击“确认”按钮，进入“出纳签字”的窗口，如图 3-28 所示。

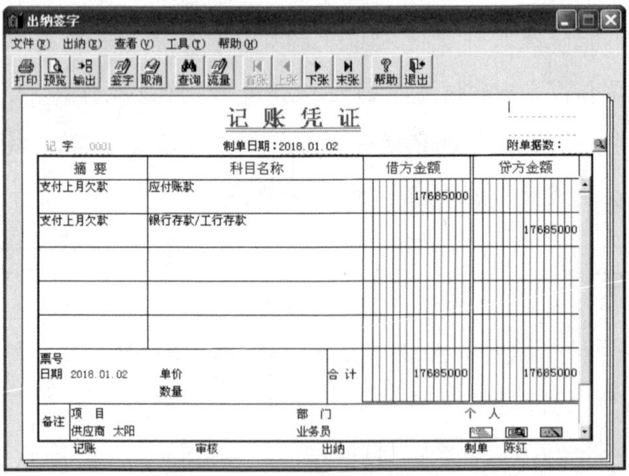

图 3-28 “出纳签字”窗口

（4）单击“签字”按钮，凭证底部的“出纳”处自动签上出纳人姓名，单击“下张”按钮，对其他凭证进行签字，单击“退出”按钮。

注意事项

> 涉及指定为现金科目和银行科目的凭证才需要出纳签字；凭证一经签字，就不能被修改、删除，只有取消签字后才可以修改或删除，取消签字只能由出纳人自己进行；凭证签字并非审核凭证的必要步骤。若在设置总账参数时，不选择“出纳凭证必须经由出纳签字”，则可以不执行“出纳签字”功能；可以执行“成批出纳签字”功能对所有凭证进行出纳签字。

五、审核凭证

请以账套主管“张强”（编号：A01；口令：1；日期：2018 年 1 月 1 日）身份为大地股份有限公司基础档案进行记账凭证审核。

（1）以账套主管“A01 张强”的身份登录“畅捷通 T3 应用软件”，用户名填入“A01”，密码填入“1”，选择“[100]大地股份有限公司”账套和“2018”年度，选择日期“2018-01-01”，单击“确定”按钮，进入“畅捷通 T3 应用软件”界面。

（2）单击“总账/凭证/审核凭证”命令，打开“凭证审核”对话框，如图 3-29 所示。

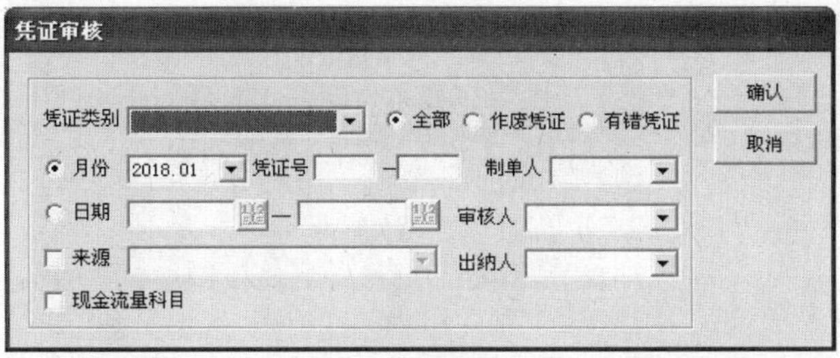

图 3-29　凭证审核

（3）单击“确认”按钮，进入“凭证审核”的凭证列表窗口，双击要审核的凭证或单击“确定”按钮，进入“凭证审核”的审核凭证窗口，检查要审核的凭证，无误后，单击“审核”按钮，凭证底部的“审核”处自动签上审核人姓名，单击“下张”按钮，对其他凭证进行审核，单击“退出”按钮。

注意事项

审核人必须具有审核权。当通过“凭证审核权限”设置了明细审核权限时，还需要有对制单人所制凭证的审核权，作废凭证不能被审核，也不能被标错；审核人和制单人不能是同一个人，凭证一经审核，不能被修改、删除，只有取消审核签字后才可修改或删除，已标记作废的凭证不能被审核，需要先取消作废标记后才能审核。

六、记账

请以账套主管“张强”（编号：A01；口令：1；日期：2018 年 1 月 1 日）身份为大地股份有限公司基础档案进行凭证记账。

（1）以账套主管“A01 张强”的身份登录“畅捷通 T3 应用软件”，用户名填入“A01”，密码填入“1”，选择“[100]大地股份有限公司”账套和“2018”年度，选择日期“2018-01-01”，单击“确定”按钮，进入“畅捷通 T3 应用软件”界面。

（2）单击“总账/凭证/记账”命令，打开“记账”对话框，如图 3-30 所示。

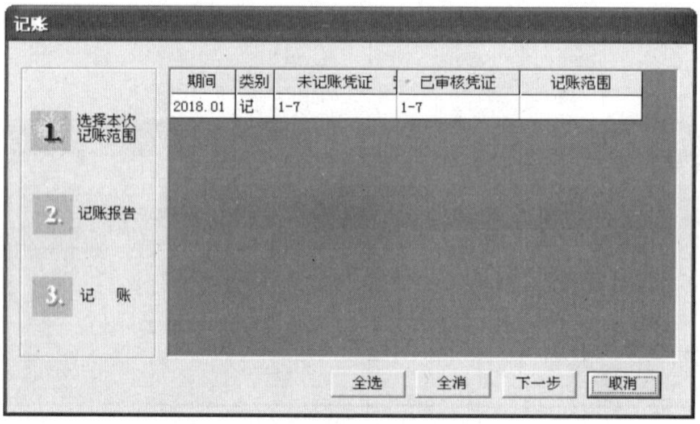

图 3-30　记账

（3）单击“全选”按钮，选择所有要记账的凭证，单击“下一步”按钮，下面显示记账报告，如果需要打印记账报告，可单击“打印”按钮。如果不打印记账报告，单击“下一步”按钮，单击“记账”按钮，打开“试算平衡表”对话框，单击“确认”按钮，系统开始登录有关的总账、明细账和辅助账，登记完成后，弹出“记账完毕”信息提示对话框，单击“确定”按钮，记账完毕。

注意事项

第一次记账时，若期初余额试算不平衡，不能记账；上月未记账，本月不能记账；未审核凭证不能记账，记账范围应小于等于已审核范围；作废凭证不需要审核可直接记账；记账过程一旦断电或其他原因造成中断后，系统将自动调用“恢复记账前状态”恢复数据，然后再重新记账。

七、取消记账

1. 激活“恢复记账前状态”菜单

（1）单击“总账/期末/对账”命令，打开“对账”对话框，如图3-31所示。

图3-31　对账

（2）按Ctrl+H键，弹出“恢复记账前状态功能已被激活”信息提示框，如图3-32所示，单击“确定”按钮，单击“退出”按钮。

图3-32　恢复记账前状态

注意事项

如果退出系统后又重新进入系统或在“对账”中按“Ctrl+H”键将重新隐藏“恢复记账前状态”功能。

2. 取消记账

（1）单击“总账/凭证/恢复记账前状态”命令，打开“恢复记账前状态”对话框，如图 3-33 所示。

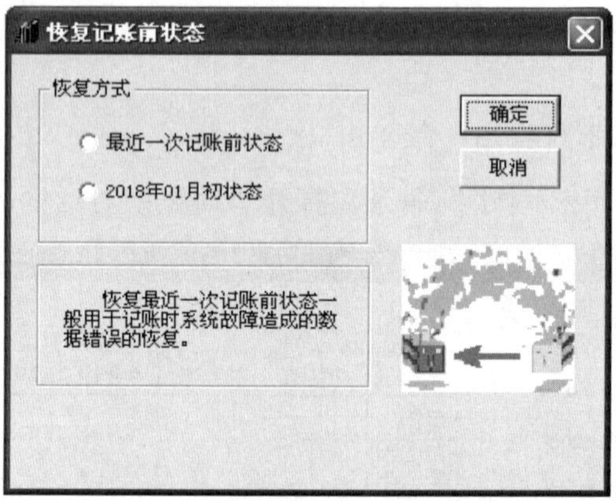

图 3-33　恢复记账前状态

（2）单击“最近一次记账前状态”单选按钮，单击“确定”按钮，弹出“恢复记账完毕”信息提示对话框，单击“确定”按钮。

注意事项

已结账月份的数据不能取消记账；取消记账后，一定要重新记账。

八、冲销凭证

（1）单击“总账/凭证/填制凭证”命令，打开“填制凭证”对话框，单击“制单/冲销凭证”命令，打开“冲销凭证”对话框，如图 3-34 所示。

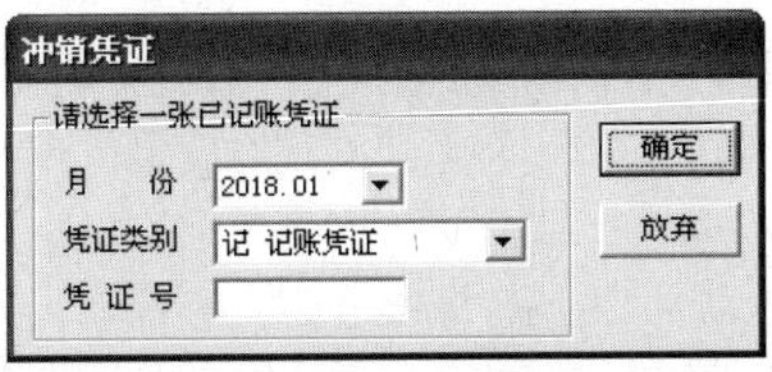

图 3-34　冲销凭证

（2）在“冲销凭证”对话框中，选择“月份”、“凭证类别”，输入“凭证号”。单击“确定”按扭，系统自动生成一张红字冲销凭证，单击“保存”按扭。

注意事项

> 只有已记账的凭证才能制作红字冲销凭证；通过红字冲销法增加的凭证，应视同正常凭证进行保存和管理；制作红字冲销凭证将错误凭证冲销后，需要再编制正确的蓝字凭证进行补充。

九、删除凭证

1. 作废凭证

单击“总账/凭证/填制凭证”命令，打开“填制凭证”对话框，先查询要作废的凭证，单击“制单/作废/恢复”命令，凭证的左上角显示“作废”，表示该凭证已作废。

注意事项

> 作废凭证仍保留凭证内容及编号，只显示“作废”字样；作废凭证不能修改，不能审核；在记账时，已作废的凭证应参与记账，否则月末无法结账，但不对作废凭证作数据处理，相当于一张空凭证；账簿查询时，查不到作废凭证的数据；若当前凭证已作废，可执行“编辑→作废/恢复”命令，取消作废标志，并将当前凭证恢复为有效凭证。

2. 整理凭证

在“填制凭证”窗口，单击“制单/凭证删除/整理”命令，打开“选择凭证期间”对话框，选择要整理的“月份”，单击“确定”按钮，打开“作废凭证表”对话框，选择真正要删除的作废凭证，单击“确定”按钮，系统将这些凭证从数据库中删除并对剩下凭证重新排号。

注意事项

> 如果作废凭证不想保留，则可以通过“凭证删除/整理”功能，将其彻底删除，并对未记账凭证重新编号；只能对未记账凭证作凭证整理；已记账凭证作凭证整理，应先恢复本月月初的记账前状态，再作凭证整理。

十、账簿查询

1. 查询基本会计核算账簿

（1）单击“总账/账簿查询/总账”命令，查询总账。

（2）单击“总账/账簿查询/余额表”命令，查询发生额及余额表。

（3）单击“总账/账簿查询/明细账”命令，查询月份综合明细账。

2. 查询部门账

（1）单击“总账/辅助查询/部门总账/部门总账”命令，查询部门总账。

（2）单击“总账/辅助查询/部门总账/部门科目总账”命令，查询部门科目总账。

（3）单击“总账/辅助查询/部门明细账/部门明细账”命令，查询部门明细账。

（4）单击“总账/辅助查询/部门明细账/部门三栏式明细账”命令，查询部门三栏式明细账。

任务三　期末处理

任务导入

初始化的主要内容包括转账、对账和结账。

任务要求

根据相关会计资料，张会计在畅捷通 T3 财务软件中进行转

账设置、对账和结账。

知识准备

期末会计业务是指会计人员将本月所发生的日常经济业务全部登记入账后，在每个会计期末都需要完成的一些特定的会计工作，主要包括期末转账业务、试算平衡、对账、结账等。

一、自动转账定义

转账凭证的定义提供了自定义转账凭证、对应结转、结转销售成本及结转期间损益等。

1. 自定义转账设置

由于各个企业情况不同，必然会造成各个企业对各类成本费用的分摊结转方式的不同。在电算化方式下，为了实现各个企业不同时期期末会计业务处理的通用性，用户可以自行定义自动转账凭证以完成每个会计期末的固定会计业务的自动转账。自定义转账凭证功能可以完成对各种费用的分配、分摊、计提、税金的计算及期间损益转账凭证的设置等。

（1）转账序号不是凭证号，转账序号可以任意定义，但只能输入数字、字母，不能重号。

（2）转账凭证号在执行自动转账时由系统生成，一张转账凭证对应一个转账序号。

（3）转账科目可以为非末级科目，部门可为空，表示所有部门。

（4）如果使用应收、应付系统，在总账系统中，不能按客户、供应商辅助项进行结转，只能按科目总数进行结转。

（5）科目默认，取对方所有科目的金额之和。

（6）如果公式的表达式明确，可直接输入公式。

（7）输入公式时，如果公式的表达式不太明确，可采用向导方式输入金额公式。

（8）在函数公式中，选择期初、期末时，方向一般为空，避免由于出现反向余额时发生取数错误。

（9）如果输入常数的窗口没有打开，可以单击“上一步”按钮返回后，再单击“下一步”按钮重新打开。

2. 对应结转设置

对应结转不仅可以进行两个科目一对一的结转，还可以进行科目的一对多结转。对应结转的科目可以是上级科目，但其下级科目的科目结构必须一致（相同明细科目）。

3. 销售成本结转设置

销售成本结转设置功能主要用来辅助没有启用购销存业务模块的企业完成销售成本的计算和结转。

4. 期间损益设置

本功能用于在一个会计期间终了将损益类科目的余额结转到本年利润科目中，从而及时反映企业利润的盈亏情况。

二、自动转账生成

在定义完成转账凭证后，每月月末只需要执行本功能即可快速生成转账凭证，在此生成的转账凭证将自动追加到未记账凭证中去。由于转账是按照已记账凭证的数据进行计算的，所以在进行月末转账工作之前，必须先将所有未记账凭证记账，否则，将影响生成的转账凭证数据的正确性。

（1）转账生成之前，注意转账月份为当前会计月份。

（2）进行转账生成之前，应将相关经济业务的记账凭证登记入账。

（3）若凭证类别、制单日期和附单据数与实际情况有出入，可直接在当前凭证上进行修改，然后再保存。转账凭证每月只生成一次。

（4）生成对应结转凭证和销售成本结转凭证的操作与自定义转账生成的操作基本相同。

（5）生成的转账凭证，仍需要审核才能记账。

（6）在生成凭证时必须注意业务发生的先后次序，否则计算金额时就会发生差错。

三、期末对账、结账

在会计期末，除了对收入、费用类账户余额进行结转外，还要进行对账、结账，并在结账之前进行试算平衡。

1. 对账

对账是对账簿数据进行核对，以检查记账是否正确，以及账簿是否平衡。它主要是通过核对总账与明细账、总账与辅助账数据来完成账账核对。为了保证账证相符、账账相符，应经常使用“对账”功能进行对账，至少一个月一次，一般可在月末结账前进行。

2. 结账

结账指每月月末计算和结转各账簿的本期发生额和期末余额，并终止本期的账务处理工作的过程。结账只能每月进行一次，要正确地完成结账工作必须符合系统对结账工作的要求。

（1）如果与其他子系统联合使用，那么其他子系统未全部结账，本系统不能结账。

（2）已结账月份不能再填制凭证。

（3）结账前，要进行数据备份。在结账的过程中，可以单击“取消”按钮取消正在进行的结账操作。

（4）取消结账功能键为“Ctrl+Shift+F6”。

任务描述

请以会计“陈红”（编号：A02；口令：2；日期：2018 年 1 月 31 日）身份为大地股份有限公司自定义结转设置“结转已销产品成本”和期间损益结转设置。

任务处理

一、转账定义

1. 自定义结转

（1）双击打开桌面“畅捷通 T3 应用软件”，用户名填入“A02”，密码填入“2”，选择“[100]大地股份有限公司”账套和“2018”年度，选择日期“2018-01-31”，单击“确定”按钮，进入“畅捷通 T3 应用软件”界面。

（2）单击“总账/期末/转账定义/自定义结转”命令，打开“自定义结转”对话框。

（3）单击“增加”按钮，打开“转账目录”设置对话框，如图 3-35 所示。

图 3-35　转账目录

（4）输入转账序号“0001”，转账说明“结转已销产品成本”，选择凭证类别“记账凭证”，单击“确定”按钮。

（5）选择科目编码“6401 主营业务成本”，方向“借”，输入金额公式“FS( )”。

（6）单击“增行”按钮，确定分录的贷方信息，选择科目编码“1405 库存商品”，方向“贷”，输入金额公式“QM（）”。

（7）单击“保存”按钮。

注意事项

> 转账科目可以为非末级科目，部门可为空，表示所有部门；如果使用应收、应付系统，则在总账系统中，不能按客户、供应商辅助项进行结转，只能按科目总数进行结转；输入转账计算公式有两种方法：一是直接选择计算公式；二是引导方式录入公式。

2．期间损益结转设置

（1）单击“总账/期末/转账定义/期间损益”命令，打开“期间损益结转设置”对话框，如图 3-36 所示。

图 3-36　期间损益结转设置

（2）选择凭证类别“记账凭证”，选择本年利润科目“本年利润”，单击“确定”按钮。

二、转账生成

1．自定义转账生成

（1）单击“总账/期末/转账生成”命令，打开“转账生成”对话框。

（2）单击“自定义转账”单选按钮，单击要结转的编号。

（3）单击“确定”按钮，生成转账凭证。

（4）单击“保存”按钮，系统自动将当前凭证追加到未记账凭证中。

注意事项

转账生成之前，提示转账月份为当前会计月份；进行转账生成之前，先将相关经济业务的记账凭证登记入账；转账凭证每月只生成一次；若使用应收、应付系统，则总账系统中，不能按客户、供应商进行结转；生成的转账凭证，仍需审核，才能记账。

2. 期间损益结转生成

（1）单击“总账/期末/转账生成”命令，打开“转账生成”对话框。

（2）单击“期间损益结转”单选按钮，单击“全选”按钮。

（3）单击“确定”按钮，生成转账凭证。

（4）单击“保存”按钮，系统自动将当前凭证追加到未记账凭证中。

注意事项

换人重新注册总账系统，将生成的自动转账凭证审核、记账。

任务描述

请以账套主管“张强”（编号：A01；口令：1；日期：2018 年 1 月 31 日）身份为大地股份有限公司进行月末对账、结账。

任务处理

一、对账

（1）双击打开桌面“畅捷通 T3 应用软件”，用户名填入“A01”，密码填入“1”，选择“[100]大地股份有限公司”账套和“2018”年度，选择日期“2018-01-31”，单击“确定”按钮，进入“畅捷通 T3 应用软件”界面。

（2）单击“总账/期末/对账”命令，打开“对账”对话框。

（3）将光标定位在要进行对账的月份“2018-01”。

（4）单击“选择”按钮。

（5）单击“对账”按钮，开始自动对账，并显示对账结果。

（6）单击“试算”按钮，可以对各科目类别余额进行试算平衡。

（7）单击“确认”按钮。

二、结账

（1）单击“总账/期末/结账”命令，打开“结账”对话框。

（2）单击要结账月份“2018-01”。

（3）单击“下一步”按钮。

（4）单击“对账”按钮，系统对要结账的月份进行账账核对。

（5）单击“下一步”按钮，系统显示“01 月工作报告”。

（6）查看工作报告后，单击“下一步”按钮。

（7）单击“结账”按钮，若符合结账要求，系统将进行结账，否则不予结账。

注意事项

结账只能由有结账权限的人进行；本月还有未记账凭证时，本月不能结账；结账必须按月连续进行，上月未结账，则本月不能结账；若总账与明细账对账不符，则不能结账；如果与其他系统联合使用，其他子系统未全部结账，则本月不能结账；结账前，系统要进行数据备份。

三、取消结账（取消结账后，必须重新结账）

（1）单击“总账/期末/结账”命令，打开“结账”对话框。

（2）选择要取消结账的月份“2018-01”。

（3）按“Ctrl+Shift+F6”键激活“取消结账”功能。

（4）输入口令“1”，单击“确认”按钮，取消结账标记。

注意事项

当结完账后，由于非法操作或计算机病毒或其他原因可能会造成数据被破坏，这时可以在此使用“取消结账”功能；取消结账后，必须重新结账；取消结账的权限应当严格控制。

项目四

财务报表

项目引领

会计报表是会计账户处理的最终环节，是会计工作的总结，是基于会计凭证、会计账簿等会计资料的基础编制而成的。

项目目标

知识目标

（1）掌握报表格式定义、公式定义的操作方法；掌握报表单元公式的用法。

（2）掌握如何利用报表模板生成报表。

能力目标

（1）能自定义各种报表。

（2）能利用报表模板生成各种报表。

任务一　自定义报表

任务导入

企业经营一定时期后，需要反映企业的资产、负债及所有者权益的情况，这就需要编制会计报表。

任务要求

根据相关会计资料，张会计在畅捷通 T3 财务软件中进行自定义报表设置。

知识准备

会计报表是以日常会计核算资料为主要依据，总括反映企事业单位财务状况及其经营成果的书面报告文件。实现会计电算化后，在日常的会计核算工作中，利用账务处理软件，可以编制凭证，登记各种账簿，但不能集中概括地反映企业生产经营活动的全貌，编制会计报表可以将账簿中分散的资料集中起来，总括反映企事业单位的财务状况和经营成果。利用报表处理软件可以完成会计报表的自动编制工作。

一、启动 UFO 表

在使用 UFO（User Friend Office，用友办公软件）报表系统处理会计报表之前，应首先启动 UFO 系统，并建立一张空白的报表，然后在这张空白报表的基础之上设计报表的格式。启动报表管理系统，创建一个新的会计报表文件。有些软件建立的是一个报表簿，可容纳多张报表；也有些软件只建立一张报表，甚至还需要规定其属性。

二、设计表样

设计表样主要包括设计报表的表格、输入报表的表间项目及定义项目的显示风格、定义单元属性。通过设置报表表样可以确定整张报表的大小和外观。

报表表样设置的具体内容一般包括设置报表尺寸、定义报表行高列宽、画表格线、定义组合单元、输入表头表体表尾内容、定义显示风格、定义单元属性等。启动 UFO 报表系统，进入格式设计状态。

（1）设置报表尺寸。

设置报表尺寸是指设置报表的行数和列数。

（2）定义报表的行高和列宽。

如果报表中某些单元的行或列要求比较特殊，则需要调整该行的行高或列的列宽。

（3）划表格线。

报表的尺寸设置完成之后，在数据状态下，该报表是没有任何表格线的，所以为了满足查询和打印的需要，还需要画上表格线。

（4）定义组合单元。

有些内容如标题、编制单位、日期及货币单位等信息可能一个单元容纳不下，所以为了实现这些内容的输入和显示，需要定义组合单元。

（5）输入表间项目。

报表表间项目指报表的文字内容，主要包括表头内容、表体项目和表尾项目等。

（6）定义单元属性。

单元属性主要指单元类型、数字格式、边框样式等内容的设置。

（7）设置单元风格。

单元风格主要指的是单元内容的字体、字号、字型、对齐方式、颜色图案等设置。设置单元风格会使报表更符合阅读习惯，更加美观清晰。

三、设置关键字

关键字主要有 6 种：单位名称、单位编号、年、季、月、日，另外还可以自定义关键字。

（1）每张报表可以同时定义多个关键字。

（2）如果关键字的位置设置错误，可以执行“数据”菜单“关键字”|“取消”命令取消后再重新设置。

（3）关键字在一张报表中只能定义一次，即同一张报表中不能有重复的关键字。

四、编辑公式

在 UFO 表中，由于各种报表之间存在着密切的数据间的逻辑关系，所以报表中各种数据的采集、运算的勾稽关系的检测就用到了不同的公式，报表主要有计算公式、审核公式和舍位平衡公式。

（1）单元公式在输入时，凡是涉及数学符号的均须输入英文半角字符。否则系统将认为公式输入错误而不能被保存。

（2）账套号和会计年度如果选择默认，以后在选择取数的账套时，需要进行账套初始工作。如果直接输入，则不需要再进行账套初始工作。

（3）如果输入的会计科目有辅助核算，还可以输入相关辅助核算内容。如果没有辅助核算，则“辅助核算”选择框呈灰色，不可输入。

（4）审核公式在格式状态下编辑，在数据状态下执行。

五、保存报表

报表的格式设置完成之后，为了确保今后能够随时调出使用并生成报表数据，应将会计报表的格式保存起来。

任务描述

请以会计“陈红”（编号：A02；口令：2；日期：2018 年 1 月 31 日）身份为大地股份有限公司填制财务报表。

一、自定义会计报表

根据表 4-1“简表”，创建自定义会计报表，并设置报表尺寸、定义行高列宽，编辑报表公式并自动计算出数据，并以“简表”命名保存在大地股份有限公司文件夹中。

表 4-1 简表

编制单位： 年 月 日 单位：元

资 产	期 初 数	期 末 数	项 目	本 月 数	本年累计数
库存现金			主营业务收入		
应收账款			管理费用		
合计			销售费用		

制表人：

（1）表头。

标题“简表”设置为“黑体、14 号、加粗、居中”。

“编制单位” 文字设置为“楷体、10 号、加粗、居左”，“单位：元” 文字设置为“楷体、10 号、加粗、居右”。

年、月、日设为关键字。

（2）表体。

表体中文字设置为“楷体、10 号、居中”。

（3）表尾。

“制表人：”文字设置为“楷体、10 号、居右”。

任务处理

一、自定义会计报表

1. 创建一张新的空报表

（1）双击打开桌面“畅捷通 T3 应用软件”，用户名填入“A02”，密码填入“2”，选择“[100]大地股份有限公司”账套和“2018”年度，选择日期“2018-01-31”，单击“确定”按钮，进入“畅捷通 T3 应用软件”界面。

（2）双击左侧“财务报表”菜单项，进入“UFO 报表窗口”。

（3）单击“日积月累”对话框中的“关闭”按钮。

（4）单击工具栏中的“新建”按钮，建立一张空白报表，报表名默认为“report1”，如图 4-1 所示。

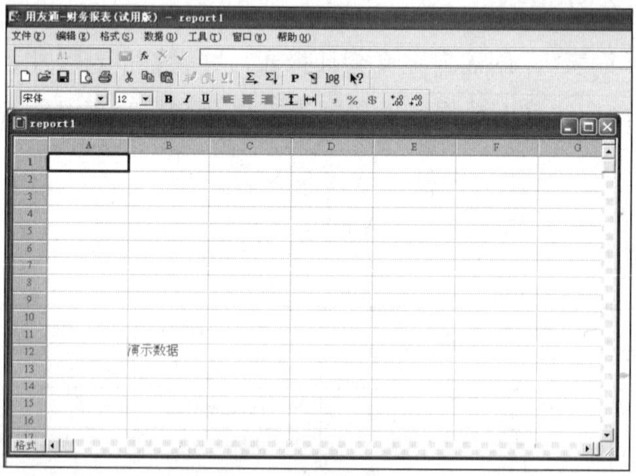

图 4-1　新建报表

2. 设置报表尺寸

（1）单击空白报表底部左下角的“格式/数据”按钮，使当前状态为“格式”状态。（注意：报表定义需要在“格式”状态下进行。）

（2）单击“格式/表尺寸”命令，打开“表尺寸”窗口，如图 4-2 所示。

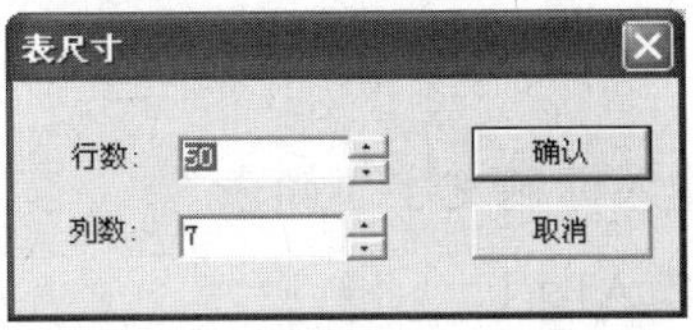

图 4-2　表尺寸

（3）输入行数“7”，列数“6”，单击“确认”按钮。

注意事项

UFO 报表行数包括表头、表体和表尾。如本表表头 2 行，表体 4 行，表尾 1 行。

3. 定义报表行高和列宽

（1）选中需要调整的单元所在行“A1”。

（2）单击“格式/行高”命令，打开“行高”窗口，如图 4-3 所示。

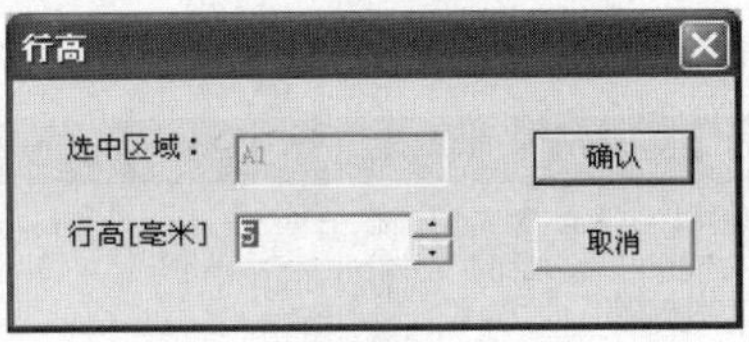

图 4-3　行高

（3）输入行高“7”，单击“确定”按钮。

（4）选中需要调整的单元所在列“A:F”。

（5）单击“格式/列宽”命令，打开“列宽”窗口，如图 4-4 所示。

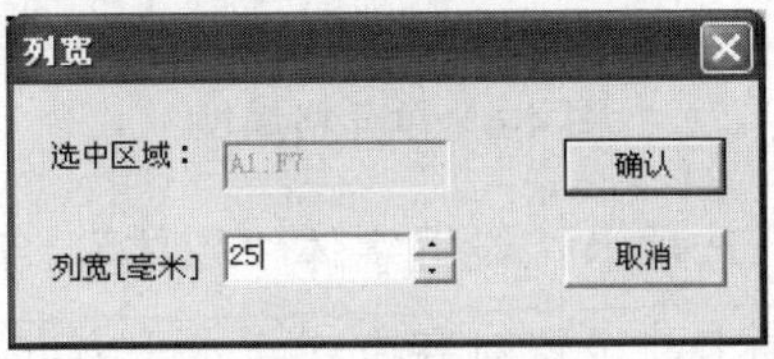

图 4-4　列宽

（6）输入列宽“30”，单击“确定”按钮。

注意事项

行高和列宽的单位都为毫米。

4. 定义组合单元

（1）单击 A1 单元格，输入标题文字“简表”。

（2）选择需要合并的区域 A1:F1。

（3）单击“格式/组合单元”命令，打开“组合单元”对话框，如图 4-5 所示。

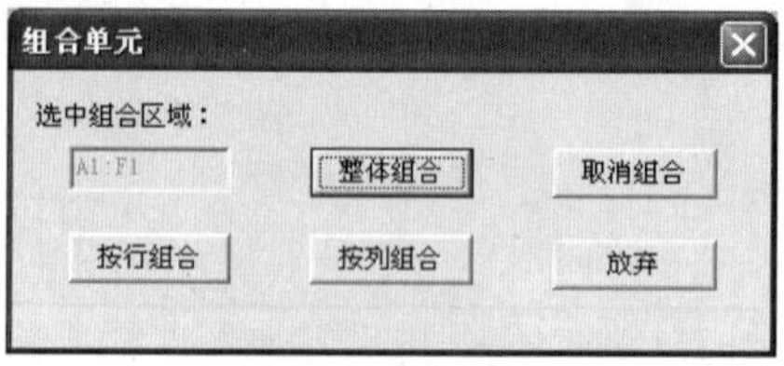

图 4-5　组合单元

（4）选择组合方式“整体组合”按钮命令。

5. 单元格设置

（1）选中标题所在组合单元“A1”。

（2）单击“格式/单元属性”命令，打开“单元格属性”对话框，如图 4-6 所示。

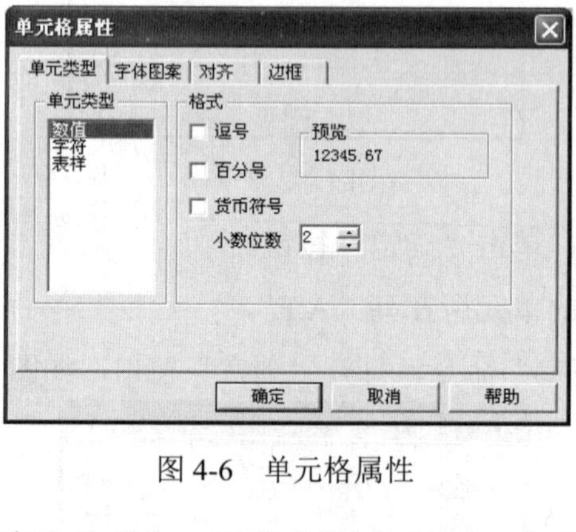

图 4-6　单元格属性

（3）单击“字体图案”选项卡，设置字体“黑体”，字形“粗体”，字号“14”。

（4）单击“对齐”选项卡，设置对齐方式，水平方向和垂直方向都选“居中”。

（5）单击“确定”按钮。

（6）同理，设置其他单元格属性。

注意事项

格式状态下输入内容的单元均默认为表样单元，未输入数据的单元均默认为数值单元，在数据状态下可输入数值。若希望在数据状态下输入字符，应将其定义为字符单元；字符单元和数值单元输入后只对本表页有效，表样单元输入后对所有表页有效。

6. 设置关键字

（1）选中需要输入关键字的单元格“C2”。

（2）单击“数据/关键字/设置”命令，打开“设置关键字”对话框，如图4-7所示。

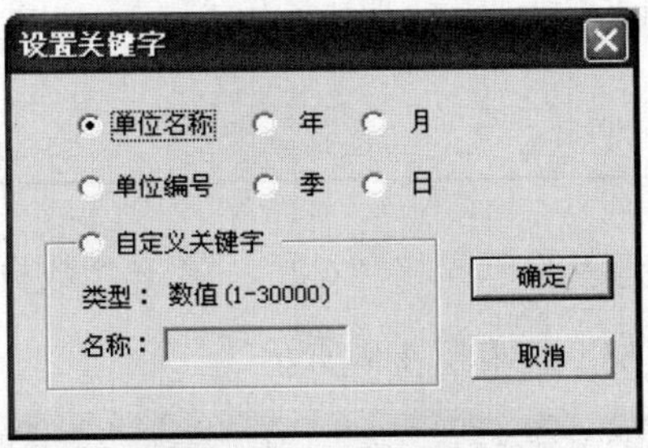

图4-7 设置关键字

（3）单击“年”单选按钮。

（4）单击“确定”按钮。

（5）同理，设置“月”、“日”关键字。

注意事项

每个报表可以同时定义多个关键字；如果要取消关键字，须执行“数据→关键字→取消”命令。

（6）选中需要输入关键字的单元格“C2”，单击“数据/关键字/偏移”命令，打开“定义关键字偏移”对话框，如图4-8所示。

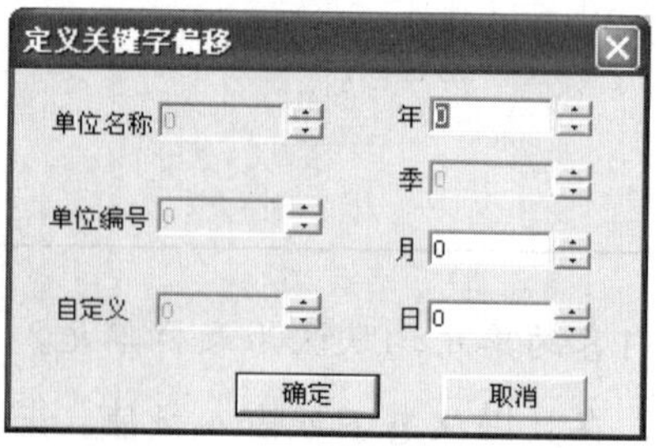

图 4-8　定义关键字偏移

（7）在需要调整位置的关键字后面输入偏移量。年“-20”，月“10”，日“40”，单击“确定”按钮。

注意事项

关键字的位置可以用偏移量来表示，负数值表示向左移，正数值表示向右移。在调整时，可以通过输入正或负的数值来调整；关键字偏移量单位为像素。

（8）选中需要输入关键字的单元格“C2”，单击“数据/编辑公式/单元公式”命令，打开“定义公式”对话框，如图 4-9 所示。

图 4-9　定义公式

（9）在定义公式对话框内直接输入总账期初函数公式：QC（“1001”，月）。

（10）单击“确认”按钮。

注意事项

单元公式中涉及的符号均为英文半角字符；单击“fx”按钮或双击某公式单元或按“=”键，都可打开“定义公式”对话框。

7. 定义单元公式——引导输入公式

（1）选定被定义单元“C4”，即“库存现金”期末数。

（2）单击“fx”按钮，打开“定义公式”对话框。

（3）单击“函数向导”按钮，打开“函数向导”对话框，如图 4-10 所示。

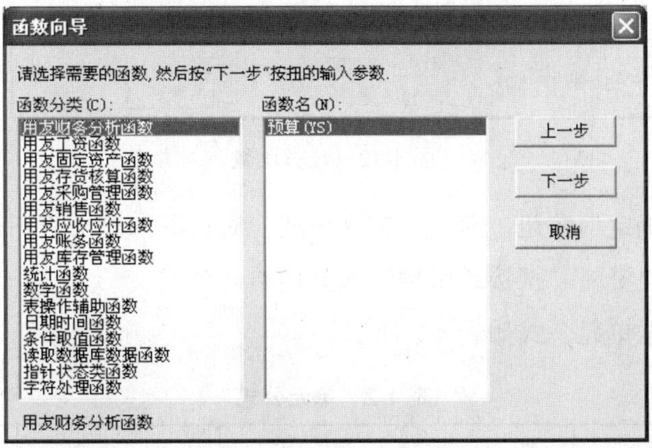

图 4-10　函数向导

（4）在函数分类列表框中选择“用友账务函数”，在右边的函数名列表中选中“期末（QM）”。

（5）单击“下一步”按钮，打开“用友账务函数”对话框，如图 4-11 所示。

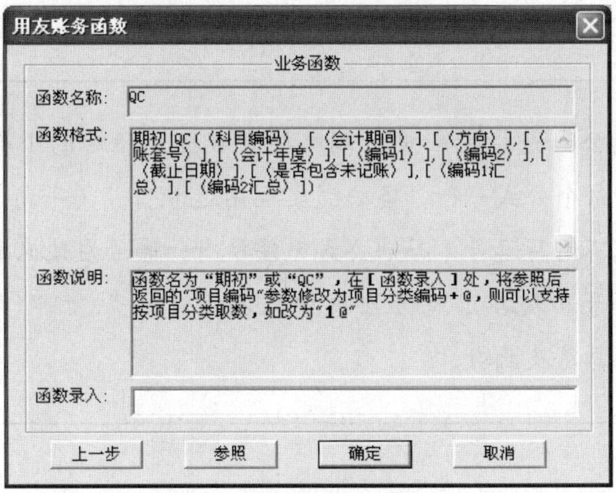

图 4-11　用友账务函数

（6）单击“参照”按钮，打开“账务函数”对话框，如图 4-12 所示。

（7）科目选择“1001 库存现金”，其余均采用系统默认值，单击“确定”按钮，返回“用友账务函数”对话框。

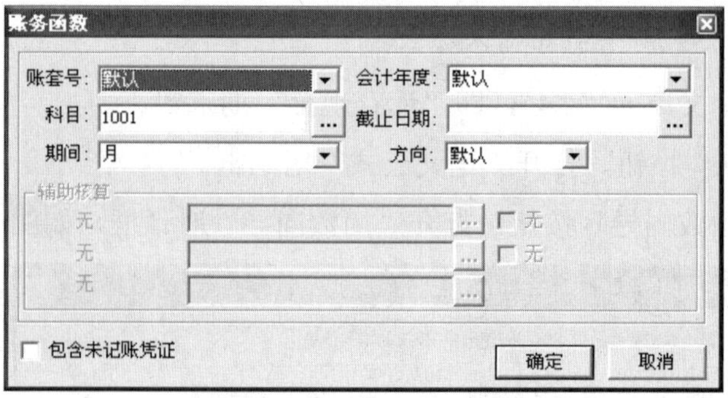

图 4-12　账务函数

（8）单击“确定”按钮，返回“定义公式”对话框，单击“确认”按钮。

（9）根据实验资料，直接或引导输入其他单元公式。

附：其他数据单元公式如表 4-2 所示。

表 4-2　单元公式

资　产	期 初 数	期 末 数	项　目	本 月 数	本年累计数
库存现金	QC("1001",月)	QM("1001",月)	主营业务收入	FS("6001",月,"贷")	LFS("6001",月,"贷")
应收账款	QC("1122",月)	QM("1122",月)	管理费用	FS("6602",月,"借")	LFS("6602",月,"借")
合计	B4+B5	C4+C5	销售费用	FS("6601",月,"借")	LFS("6601",月,"借")

注意事项

舍位平衡公式是指用来重新调整报表数据进位后的小数位平衡关系的公式；每个公式一行，各公式之间用逗号“,”（半角）隔开，最后一条公式不用写逗号，否则公式无法执行；等号左边只能为一个单元（不带页号和表名）；舍位公式中只能使用“+”、“−”符号，不能使用其他运算符及函数。

8. 保存报表

（1）单击“文件/保存”命令，如果是第一次保存，则打开“另存为”对话框。

（2）选择要保存的文件夹；输入报表文件名“简表”；选择保存类型“*.REP”。

（3）单击“保存”按钮。

注意事项

报表格式设置完成以后切记要及时将这张报表格式保存下来，以便以后随时调用；如果没有保存就退出，系统会出现提示：“是否保存报表？”以防止误操作；“.REP”为用友报表文件专用扩展名。

9. 报表数据处理

（1）启动 UFO 系统，单击“文件/打开”命令，打开“打开”对话框。

（2）选择报表文件夹，选择报表文件“简表.REP”。

（3）单击“打开”按钮。

（4）单击报表底部左下角的“格式/数据”按钮，使当前状态为“数据”状态。

注意事项

报表数据处理必须在“数据”状态下进行。

10. 输入关键字值

（1）单击“数据/关键字/录入”命令，打开“录入关键字”对话框。

（2）输入年“2018”，月“01”，日“31”。

（3）单击“确认”按钮，弹出“是否重算第 1 页？”对话框。

（4）单击“是”按钮，系统会自动根据单元公式计算 01 月份数据；单击“否”按钮，系统不计算 01 月份数据，以后可利用“表页重算”功能生成 01 月数据。

注意事项

日期关键字可以确认报表数据取数的时间范围，即确定数据生成的具体日期。

任务二　利用模板制作报表

任务导入

企业经营一定时期后，需要反映企业的资产、负债及所有者权益的情况，这就需要编制会计报表。

任务要求

根据相关会计资料，张会计在畅捷通 T3 财务软件中利用模板进行报表设置。

知识准备

使用报表模板调整制作报表格式

1. 套用报表模板

系统中提供了 16 个行业的标准财务报表模板。报表模板即建立了一张标准格式的会计报表。如果用户需要使用系统内的报表模板，则可以直接调用。

2. 自定义报表模板

用户除了使用系统中的会计报表模板外还可以根据本单位的实际需要定制内部报表模板，并将自定义的模板加入系统提供的模板库内，也可以根据本行业的特征，增加或删除各个行业及其内置的模板。自定义报表模板主要需要定义报表的所属行业及报表名称。

任务描述

利用报表模板生成大地股份有限公司 2018 年 1 月的“资产负债表”和“利润表”。

任务处理

一、调用资产负债表模板

（1）启动 UFO 报表系统，在“格式”状态下，新建一张空白报表。

（2）单击“格式/报表模板”命令，打开“报表模板”对话框。

（3）选择所在的行业“一般企业（2007年新会计准则）”，财务报表“资产负债表”。

（4）单击“确认”按钮，弹出“模板格式将覆盖本表格式！是否继续？”提示框。

（5）单击“确定”按钮，即可打开“资产负债表”模板。

二、调整报表模板

（1）单击“数据/格式”按钮，将“资产负债表”处于格式状态。

（2）根据本单位的实际情况，调整报表格式，修改报表公式。

（3）保存调整后报表模板。

三、生成资产负债表数据

（1）在数据状态下，单击“数据/关键字/录入”命令，打开“录入关键字”对话框。

（2）输入关键字：年“2018”，月“01”，日“31”。

（3）单击“确认”按钮，弹出“是否重算第1页？”提示框。

（4）单击“是”按钮，系统会自动根据单元公式计算01月份数据；单击“否”按钮，系统不计算01月份数据，以后可利用“表页重算”功能生成01月数据。

（5）将生成数据的资产负债表以“资产负债表.rep”保存到相应的文件夹下。

同样的方法，调用利润表模板并生成1月份利润表。

任务实施

练一练

全国会计专业学业水平测试样题

【注意事项】

1．本试卷分值共100分，60分及格，考试时间为60分钟。

2．考试使用软件系统为畅捷通教育云平台T3软件。考查选手对T3软件中系统管理、基础设置、总账模块、报表模块的应用能力。

3．考生需要新建账套，并在该账套进行操作。（特别提醒：账套号必须正确，否则整套题目按0分处理。）

4．需要录入和处理的资料在试题中有明确的要求，请选手注意审题。

5．如果遇到试题中未提供的信息或未作要求的内容可以不填写或使用系统默认值。

一、系统管理

【答题要求】请以系统管理员身份建立账套、设置操作员及其权限。

1．建立账套

请根据以下账套资料，为新世纪公司建立账套。（未给信息请保持系统默认值。）

（1）账套信息。

账套号：588；账套名称：新世纪账套；账套路径默认；启用会计期：2018 年 06 月。

（2）单位信息。

单位名称：新世纪股份有限公司；单位简称：新世纪。

（3）核算类型。

企业类型：工业；行业性质：2007 年新会计准则。

（4）基础信息。

无存货分类；无客户分类；无供应商分类；无外币核算。

（5）分类编码方案。

会计科目编码级次：4-2-2。

（6）系统启用。

启用总账模块，启用日期为 2018 年 06 月 01 日。

2．设置操作员及其权限如表 4-3 所示

表 4-3　操作员及其权限

编　号	姓　名	角　色	权　限
601	李远明	会计主管	账套主管
602	张雨欣	会计	公共目录设置、总账

二、基础设置

【答题要求】请以账套主管“李远明（601）”身份进行基础设置操作。

（1）设置部门档案如表 4-4 所示。

表 4-4　部门档案

部门编码	部门名称
1	管理部
2	财务部
3	销售部
4	采购部
5	生产部

（2）设置职员档案如表 4-5 所示。

表 4-5　职员档案

职员编码	职员名称	所属部门
101	王家林	管理部
102	谢云	管理部
201	李远明	财务部
202	张雨欣	财务部
203	杨宁	财务部
301	李央	销售部
401	赵刚	采购部
501	梁艳	生产部

（3）设置客户档案如表 4-6 所示。

表 4-6　客户档案

客户编号	客户名称	客户简称
101	长风机械有限公司	长风机械
102	申海技术有限公司	申海技术

（4）设置供应商档案如表 4-7 所示。

表 4-7　供应商档案

供应商编号	供应商名称	供应商简称
201	四方五金批发公司	四方五金
202	同行科技有限公司	同行科技

（5）设置凭证类别。

只设置“记账凭证”一种类别。

（6）设置会计科目如表 4-8 所示。

表 4-8　会计科目

科目编码	科目名称	辅助核算
100201	工行存款	银行账
1122	应收账款	客户往来
2202	应付账款	供应商往来
222101	应交增值税	
22210101	进项税额	
22210102	销项税额	
660101	广告费	
660201	办公费	部门核算

说明：指定“库存现金”为现金总账科目、“银行存款”为银行总账科目。

（7）录入期初总账余额如表 4-9 所示。

表 4-9　总账余额

科目编码	科目名称	借方金额（元）	贷方金额（元）
1001	库存现金	3 795	
100201	工行存款	498 040	
1012	其他货币资金	7 800	
1123	预付账款	5 000	
1231	坏账准备		3 310
1403	原材料	216 000	
1405	库存商品	78 500	
1601	固定资产	2 080 000	
1602	累计折旧		161 000
1701	无形资产	476 500	
1702	累计摊销		100 000
2001	短期借款		100 000
2203	预收账款		3 400
2211	应付职工薪酬		55 100
2241	其他应付款		2 100
2501	长期借款		200 000
4001	实收资本		2 136 315
4002	资本公积		800 000
4101	盈余公积		5 000
5001	生产成本	66 710	

（8）录入辅助账期初余额如表 4-10、表 4-11 所示。

表 4-10 应收账款辅助账

日　期	凭 证 号	客 户 名 称	摘　要	方　向	金额（元）
2018-5-20	记-12	长风机械	销售商品	借	143 000

表 4-11 应付账款辅助账

日　期	凭 证 号	供应商名称	摘　要	方　向	金额（元）
2018-5-30	记-30	四方五金	采购材料	贷	9 120

（9）设置结算方式如表 4-12 所示。

表 4-12 结算方式

结算方式编码	结算方式名称	票 据 管 理
1	支票	否
2	银行汇票	否
3	商业汇票	否
4	委托收款	否
5	汇兑	否
6	其他	否

三、总账日常及期末处理

【答题要求】

1．每笔业务填制一张记账凭证。

2．制单日期均使用业务日期，摘要根据给定输入，附件数不需要输入，凭证自动编号。若银行业务中涉及结算方式或票号则需要输入，否则可不输入。

3．由账套主管“张雨欣（602）”身份填制和生成记账凭证。

4．由账套主管“李远明（601）”身份完成凭证审核、记账、结账操作。

（1）2 日，财务部张雨欣从工行提取现金 2 000 元，开出现金支票。号码：22110111（摘要：提现备用）。

（2）4 日，管理部谢云购买办公用品 800 元，以现金支付（摘要：购买办公用品）。

（3）5 日，采购部从同行科技有限公司采购元器件，共 1 000 只，每只 15 元，共计 15 000 元，增值税税率为 17%，增值税 2 550 元，支票号：22161511，材料已入库（摘要：采购原材料）。

（4）9日，生产部领用元器件400只用于生产产品，单价15元，金额6 000元（摘要：领用原材料）。

（5）15日，向申海技术有限公司销售数控设备2台，无税单价19 800元，共计39 600元，增值税税率为17%，增值税6 732元，收到对方转账支票，存入工行账户。支票号：3110221（摘要：销售商品）。

（6）20日，销售部用工行转账支票支付广告费3 000元，支票号：22161511（摘要：支付广告费）。

（7）30日，本月数控设备完工3台，单位成本8 000元，合计24 000元，结转完工入库产品成本（摘要：产品完工入库）。

（8）30日，结转数控设备销售成本，销售数控设备2台，单位成本9 000元，合计18 000元（摘要：结转销售成本）。

（9）30日，期间损益结转（要求：利用自动转账功能生成）。

（10）30日，完成凭证审核、记账和结账工作。

四、编制会计报表

【答题要求】请以账套主管“李远明（601）”完成报表编制工作。

利用报表模板，编制2018年06月30日资产负债表（一般企业2007年新会计准则），将该表以“资产负债表”保存在考生文件夹中。

期中测试卷一

要求：在D盘建立“班级学号姓名”文件夹下（如140101张三）启动系统管理，以系统管理员“admin”的身份启动系统管理并增加操作员如表4-13所示。

表4-13　操作员及权限

操作员编号	姓　　名	权　　限
A01	方芳	账套主管
A02	李明	总账、公用目录设置

1．新建账套

账套号：2××（××代表学号）

单位名称：南京晨光信息技术有限公司

启用日期：2018-2-1

记账本位币：人民币（RMB）

企业类型：工业　执行“2007年新会计准则”

账套主管：方芳

基础信息：对存货、客户、供应商进行分类，有外币核算

分类编码方案：科目编码级次：4-2-2-2　　　　客户分类编码级次 2-2

　　　　　供应商分类编码级次：2-2　　　　部门编码级次：1-2

创建账套后启用总账模块，启用日期为 2018 年 2 月 1 日。

2．总账系统初始化设置

以操作员方芳的身份在 2018 年 2 月 1 日登录注册账套的总账系统。

（1）设置部门档案如表 4-14 所示。

表 4-14　部门档案

部门编码	部门名称
1	总经理室
2	财务部
3	业务部
301	采购部
302	销售部

（2）设置职员档案如表 4-15 所示。

表 4-15　职员档案

职员编码	职员名称	所属部门
001	方芳	财务部
002	李明	财务部
003	于静	采购部
004	黄山	销售部
005	江洋	总经理室

（3）设置供应商分类如表 4-16 所示。

表 4-16　供应商分类

类别编码	类别名称
01	原料供应商
02	成品供应商

（4）设置供应商档案如表 4-17 所示。

表 4-17　供应商档案

供应商编号	供应商名称	供应商简称	所属分类码
001	兴华公司	兴华	01
002	新能源公司	新能源	02

（5）设置客户分类如表 4-18 所示。

表 4-18　客户分类

类 别 编 码	类 别 名 称
01	批发
02	零售

（6）设置客户档案如表 4-19 所示。

表 4-19　客户档案

客 户 编 号	客 户 名 称	客 户 简 称	所属分类码
001	华信公司	华信	01
002	长新公司	长新	02

（7）设置凭证类别如表 4-20 所示。

表 4-20　凭证类别

类 别 名 称	限 制 类 型	限 制 科 目
记账凭证	无限制	

（8）设置外币。

币符：$ 币名：美元　　2 月份汇率为 8.275

（9）设置结算方式如表 4-21 所示。

表 4-21　结算方式

结算方式编号	结算方式名称
1	现金支票
2	转账支票

（10）增加会计科目如表 4-22 所示。

表 4-22　会计科目

科目代码	科目名称	辅助核算
100201	工行存款	
100202	中行存款	外币，美元
112202	应收单位款	客户往来
122101	应收职工款	个人往来
500101	直接材料	
500102	直接人工	
660101	广告费	
660201	薪资及福利	部门核算
660202	办公费	部门核算
660203	差旅费	部门核算
660204	折旧费	部门核算
660205	其他	部门核算

（11）修改会计科目。

“应收账款”科目辅助账类型为“客户往来”

“应付账款”科目辅助账类型为“供应商往来”

“预收账款”科目辅助账类型为“客户往来”

“生产成本”科目辅助账类型为“客户往来”

（12）指定会计科目。

指定“库存现金”为现金总账科目、“银行存款”为银行总账科目。

（13）总账科目的期初余额如表 4-23 所示。

表 4-23　期初余额

科目名称	方向	期初余额（元）
库存现金	借	92 206
工行存款	借	222 000
中行存款	借	82 750
		10 000（美元）
固定资产	借	260 860
累计折旧	贷	47 120
库存商品	借	50 000
短期借款	贷	100 000
实收资本	贷	362 496

（14）录入往来科目余额如表 4-24、表 4-25、表 4-26 所示。

表 4-24　其他应收款——应收职工款

日　期	凭 证 号	部　门	个　人	摘　要	期初余额（元）
2018-1-5	记-5	总经理室	江洋	期初余额	1 500
2018-1-10	记-10	采购部	于静	期初余额	2 300

表 4-25　应收账款

日　期	凭 证 号	客　户	摘　要	方向	期初余额（元）
2018-1-15	记-15	华信公司	期初余额	借	68 000
2018-1-20	记-20	长新公司	期初余额	借	89 600

表 4-26　应付账款

日　期	凭 证 号	供 应 商	摘　要	方向	期初余额（元）
2018-1-25	记-25	兴华公司	期初余额	贷	176 850
2018-1-30	记-30	新能源公司	期初余额	贷	182 750

3．总账日常业务处理

以 A02 填制凭证，以 A01 的身份审核、出纳签字、记账。

（1）3 日，采购部于静报销差旅费 2 500 元，补现金 200 元，附单据一张。

（2）10 日，采购部于静向兴华公司采购材料 10 000 元，增值税税率为 17%，货款尚未支付，材料已入库，附单据一张。

（3）16 日，销售部黄山销售产品给长新公司，价值 85 000 元，增值税税率为 17%，货款尚未收到，产品成本 50 000 元，附单据一张。

（4）18 日，收到投资 53 000 美元，存入中行美元户，当日汇率 8.8，附单据一张。

（5）20 日，支付广告费 3 000 元，以工行转账支票（票号 003）支付，支票号 007，附单据一张。

（6）28 日，计提财务部员工工资 8 000 元，附单据一张。

4．错账的更正

月末对上述凭证进行记账后发现：当月 28 日应付财务部员工工资金额出错，正确的金额应为 6 000 元，请制单人用红字冲销法更正，并由相关操作员对该更正凭证进行审核并记账。

5．期末处理（A02 制单）

期间损益结转到本年利润并生成记账凭证，并由相关操作员对该凭证进行审核并记账。

6．完成对账和2月份结账

7．会计报表处理（A01）

（1）制作下表4-27，编辑报表公式并自动计算出报表，并以"晨光公司简表"命名保存在到D盘班级学号姓名文件夹下。

表4-27　简表

单位名称：（关键字）　　　　　　　　年　月　日　　　　　　　　（关键字）

资　产	期　初　数	期　末　数
货币资金		
应收账款		
其他应收款		
流动资产合计		

①表尺寸7行3列；②列宽35，行高6，A3:C7区域画线；③单位名称、年、月、日为关键字；④年偏移（-60）月偏移（-30）。

（2）调用"一般企业（新会计准则）"的利润表模板生成利润表，录入相应关键字，以"晨光公司利润表"保存到D盘班级学号姓名文件夹下。

8．进行账套数据的备份（保存在D盘班级学号姓名文件夹下）

9．将班级学号姓名文件夹上传

期中测试卷二

要求：在D盘建立"班级学号姓名"文件夹下（如140101张三，班级4个数字，学号2个数字）启动系统管理，以系统管理员"admin"的身份启动系统管理并设置操作员如表4-28所示。

表4-28　操作员及权限

操作员编号	姓　名	权　限
你名字的拼音缩写	你自己的名字	账套主管
LZ	李政	总账、财务报表
ZXC	周小川	总账、公用目录设置

一、新建账套

账套号：3××（××代表学号）

单位名称：实达股份有限公司（简称：实达公司）

启用日期：2018-03-01

记账本位币：人民币（RMB）

企业类型：工业　行业性质：2007年新会计准则

账套主管：你的名字　按行业性质预置会计科目

基础信息：对存货、客户、供应商进行分类，有外币核算

分类编码方案：科目编码级次：4-2-2

创建账套后启用总账模块，启用日期为2018年3月1日。

二、总账系统初始化设置

（1）设置部门档案如表4-29所示。

表4-29　部门档案

部门编码	部门名称
1	财务部
2	行政部
3	销售部
301	销售一部
302	销售二部
4	生产部

（2）设置职员档案如表4-30所示。

表4-30　职员档案

职员编码	职员名称	所属部门
1	你自己的名字	财务部
2	李政	财务部
3	周小川	财务部
4	王永民	行政部
5	赵丰收	销售一部
6	陈大成	销售二部
7	孙明明	生产部

（3）设置客户分类如表 4-31 所示。

表 4-31　客户分类

类别编码	类别名称
01	批发企业
02	零售企业

（4）设置客户档案如表 4-32 所示。

表 4-32　客户档案

客户编号	客户名称	客户简称	所属分类
001	宏基集团	宏基集团	批发企业
002	黄河公司	黄河公司	零售企业

（5）设置供应商分类如表 4-33 所示。

表 4-33　供应商分类

类别编码	类别名称
01	原料供应商
02	成品供应商

（6）设置供应商档案如表 4-34 所示。

表 4-34　供应商档案

供应商编号	供应商名称	供应商简称	所属分类
001	长城公司	长城公司	原料供应商
002	天达公司	天达公司	成品供应商

（7）设置凭证类别：记账凭证。

（8）设置外币。币符：HKD　币名：港币　　3 月份汇率为 1.08

（9）设置结算方式如表 4-35 所示。

表 4-35　结算方式

编码	名称
1	现金结算
2	转账支票

（10）指定会计科目。

指定“库存现金”为现金总账科目、“银行存款”为银行总账科目。

（11）会计科目及期初余额录入如表 4-36 所示。

表 4-36　会计科目及期初余额

科目编码	科目名称	辅助核算	借或贷	期初余额（元）
1001	库存现金	日记账	借	7 200
1002	银行存款	日记账 银行账	借	
100201	建设银行		借	1 666 800
100202	工商银行	外币金额式 港币	借	129 600 （120 000 港币）
1122	应收账款	客户往来	借	180 000
1123	预付账款		借	1 440
1403	原材料		借	84 000
140301	甲布料		借	24 000
140302	乙布料		借	60 000
1405	库存商品		借	390 000
1601	固定资产		借	180 000
1602	累计折旧		贷	50 400
2201	短期借款		贷	34 440
2202	应付账款	供应商往来	贷	
2211	应付职工薪酬		贷	14 000
2221	应交税费		贷	21 000
222101	应交增值税		贷	21 000
22210101	进项税额		借	
22210102	销项税额		贷	21000
4001	实收资本		贷	2 519 200
6001	主营业务收入	客户往来	贷	

（12）录入往来科目余额如表 4-37 所示。

表 4-37　应收账款

日期	凭证号	客户	摘要	方向	期初余额（元）
2018-2-18	记-13	宏基集团	销售未收款	借	170 000
2018-2-20	记-15	黄河公司	销售未收款	借	10 000

（13）试算平衡。

三、总账日常业务处理

1．填制凭证（周小川）

（1）5 日，以现金支付职工工资 5 000 元，附单据一张。

（2）10 日，向宏基集团销售商品 30 000 元，增值税税率为 17%，货款尚未收到，附单据一张。

（3）18 日，收到外商交来转账支票（No.3301）6 000 港币，作为公司的投资款，存入工商银行港币户，当日汇率为 0.95，附单据一张。

（4）20 日，向长城公司购买甲布料，价值 9 000 元，增值税税率为 17%，以建设银行存款转账支票（No.3302）支付，材料已验收入库，附单据一张。

（5）26 日，计提行政部管理人员的工资 12 000 元。

2．对上述凭证进行出纳签字、审核并记账（李政出纳签字、审核；你自己记账）

3．错账的更正（周小川制单）

月末对上述凭证进行记账后发现：当月 26 日应付行政部管理人员的工资金额出错，正确的金额应为 11 200 元，请制单人用红字冲销法更正，并由相关操作员对该更正凭证进行审核并记账。

4．期末处理（周小川制单）

期间损益结转到本年利润并生成记账凭证，并由相关操作员对该凭证进行审核并记账。

四、会计报表处理（李政）

1．制作下表 4-38，编辑报表公式并自动计算出报表，并以“实达公司简表”命名保存到 D 盘班级学号姓名文件夹下。

表 4-38 简表

单位名称：（关键字） 年 月 日 （关键字）

资 产	期 初 数	期 末 数
货币资金		
应收账款		
固定资产		
资产合计		

①表尺寸 7 行 3 列；②列宽 35，行高 6，A3:C7 区域画线；③单位名称、年、月、日为关键字；④年偏移（-60）月偏移（-30）。

2．调用“一般企业（新会计准则）”的利润表模板生成利润表，录入相应关键字以“实达公司利润表”保存到 D 盘班级学号姓名文件夹下。

五、进行账套数据的备份（保存在 D 盘班级学号姓名文件夹下）

六、将班级学号姓名文件夹上传

项目五

工资管理

项目引领

工资管理系统提供了计算职工工资、编制工资单、根据部门分配工资费用、计提职工福利费并生成记账凭证等关于职工薪酬核算的多项功能。工资管理系统适用于各类企业、行政事业单位进行工资核算、工资发放、工资费用分摊、工资统计分析和个人所得税核算等。可以与总账系统集成使用，将工资凭证传递到总账中；可以与成本管理系统集成使用，为成本管理系统提供人员的费用信息。

项目目标

知识目标

（1）掌握畅捷通 T3 财务软件中有关工资管理的相关内容。

（2）掌握工资系统初始化、日常业务处理、工资分摊及月末处理的操作。

能力目标

（1）能进行工资系统的初始设置。

（2）能进行工资管理的日常业务处理。

（3）能进行工资分摊及生成记账凭证。

（4）能进行工资月末处理工作。

任务一　工资管理初始化

任务导入

企业要进行职工工资发放、工资费用分配，先要进行工资管理系统初始化设置。

任务要求

根据相关企业资料，张会计在计算机系统中进行工资管理系统的初始化设置。

知识准备

一、新建账套

建账工作是整个工资管理系统正确运行的基础。建立一个完整的账套，是系统正常运行的根本保证。可通过系统提供的建账向导，逐步完成整套工资的建账工作。主要包括参数设置、扣税设置、扣零设置和人员编码等。

二、工资类别管理

工资类别是指一套工资账中，根据不同情况而设置的工资数据管理类别。如某企业中将正式职工和临时职工分设为两个工资类别，两个类别同时对应一套账务。

主要包括新建、删除、打开和关闭工资类别等。

三、设置人员类别

设置人员类别可以便于企业按人员类别进行工资汇总计算，以实现在同一个账套内跨越各个部门按人员各类别的不同进行综合汇总。

四、设置银行名称

即设置发放工资的银行。可以按需要设置多个，例如，同一工资类别中的人员由于在不同的工作地点，需要由不同的银行代发工资，或者不同的工资类别由不同的银行代发工资，均需要设置多个银行名称。

五、设置人员附加信息

可增加人员信息，丰富人员档案的内容，便于对人员进行更加有效的管理。例如，增加设置人员的性别、民族、婚否等。

六、设置工资项目

即定义工资项目的名称、类型、宽度，可根据需要自由设置工资项目，如基本工资、岗位工资、副食补贴、扣款合计等。

七、设置计算公式

工资项目计算公式输入的方法：①直接输入公式；②参照输入公式；③应用函数向导输入公式。

任务描述

请以账套主管“张强”（编号：A01；口令：1；日期：2018 年 1 月 1 日）身份为大地股份有限公司工资管理模板进行初始化设置。

（1）工资类别数：单个；核算币种：人民币 RMB；代扣个人所得税；不进行扣零处理；人员编码长度：3 位；工资类别的启用日期为“2018-01-01”。

（2）设置陈红为工资类别主管。

（3）人员类别分为：管理人员、车间管理人员、生产人员。

（4）人员档案如表 5-1 所示（全部人员为中方人员，计税，通过工行代发工资）。

表 5-1　人员档案

职员编号	职员名称	所属部门	职员类别	银行账号
001	李明	办公室	管理人员	20181234001
002	张强	财务部	管理人员	20181234002
003	陈红	财务部	管理人员	20181234003
004	李明	财务部	管理人员	20181234004
005	王林	采购部	生产人员	20181234005
006	汪清	销售部	生产人员	20181234006
007	孙玲	生产一部	车间管理人员	20181234007
008	潘虹敏	生产一部	生产人员	20181234008
009	孙大海	生产二部	车间管理人员	20181234009
010	江胜利	生产二部	生产人员	20181234010

（5）工资项目如表 5-2 所示。

表 5-2　工资项目

项目名称	类型	长度	小数位	增减项
基本工资	数字	10	2	增项
岗位工资	数字	10	2	增项
住房公积金	数字	10	2	减项

（6）计算公式。

住房公积金=（基本工资+岗位工资）×0.1

应发合计=基本工资+岗位工资

扣款合计=住房公积金+代扣税

实发合计=应发合计-扣款合计

（7）职员工资情况如表 5-3 所示。

表 5-3　职员工资情况

职员编号	职员名称	基本工资（元）	岗位工资（元）
001	李明	5 500	550
002	张强	5 000	500
003	陈红	4 500	450
004	李明	4 200	420
005	王林	4 300	430
006	汪清	4 400	440

续表

职员编号	职员名称	基本工资（元）	岗位工资（元）
007	孙玲	4 600	460
008	潘虹敏	4 000	400
009	孙大海	4 500	450
010	江胜利	4 200	420

（8）代扣个人所得税。

计税基数 3 500 元。

任务处理

一、建立工资账套

工资类别数：单个；核算币种：人民币 RMB；代扣个人所得税；不进行扣零处理；人员编码长度：3 位；工资类别的启用日期为“2018-01-01”。

（1）双击打开桌面“畅捷通 T3 应用软件”，用户名填入“A01”，密码填入“1”，选择“[100]大地股份有限公司”账套和“2018”年度，选择日期“2018-01-01”，如图 5-1 所示，单击“确定”按钮，进入“畅捷通 T3 应用软件”界面。

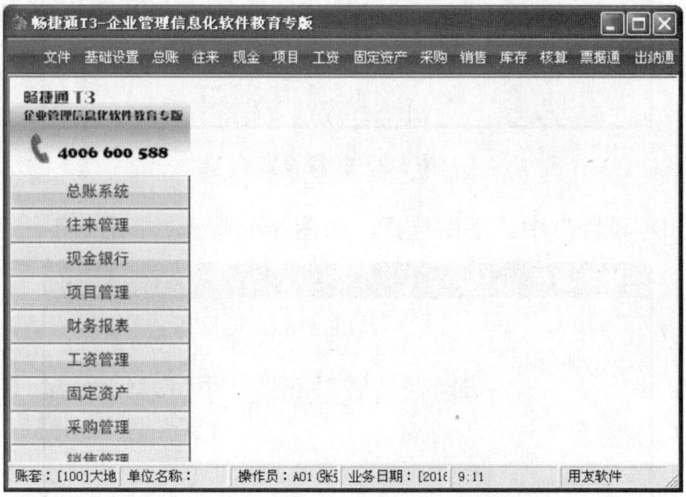

图 5-1 “畅捷通 T3 应用软件”界面

（2）单击“工资”菜单，在“参数设置”中，选择本账套所需要处理的工资类别个数“单个”，默认币别名称为“人民币”，如图 5-2 所示，单击“下一步”按钮。

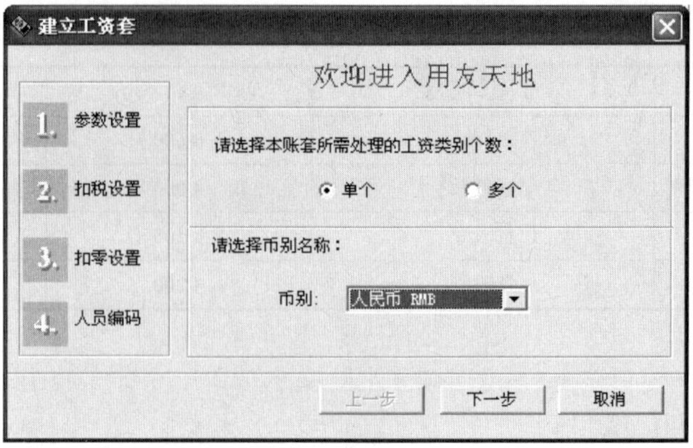

图 5-2　参数设置

（3）在“扣税设置”中，选中“是否从工资中代扣个人所得税”复选框，如图 5-3 所示，单击“下一步”按钮。

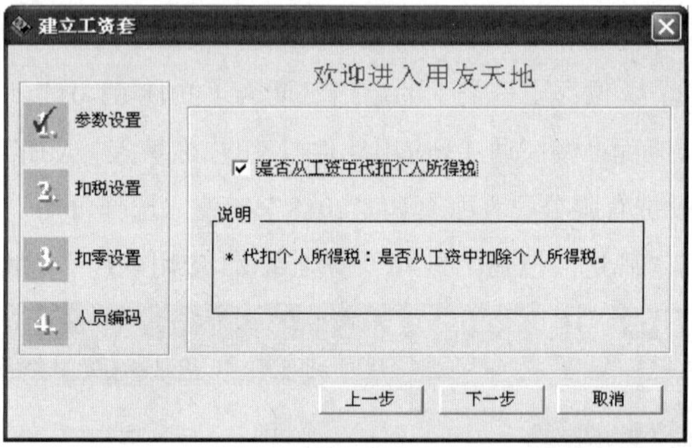

图 5-3　扣税设置

（4）在“扣零设置”中，不做选择，如图 5-4 所示，单击“下一步”按钮。

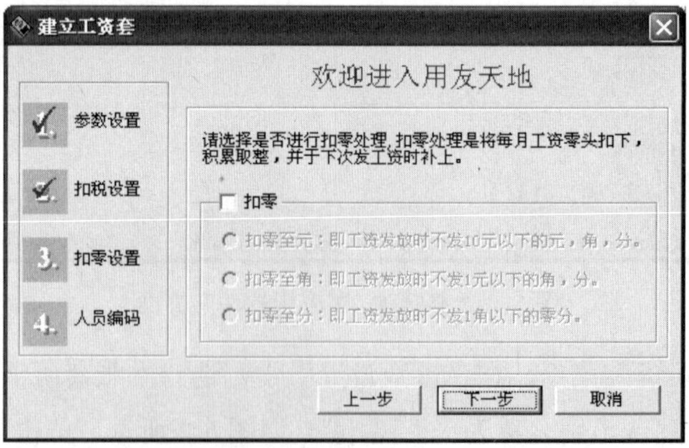

图 5-4　扣零设置

（5）在“人员编码”中，单击“人员编码长度”增减器的下箭头将人员编码长度设置为3，如图5-5所示，单击“完成”按钮。

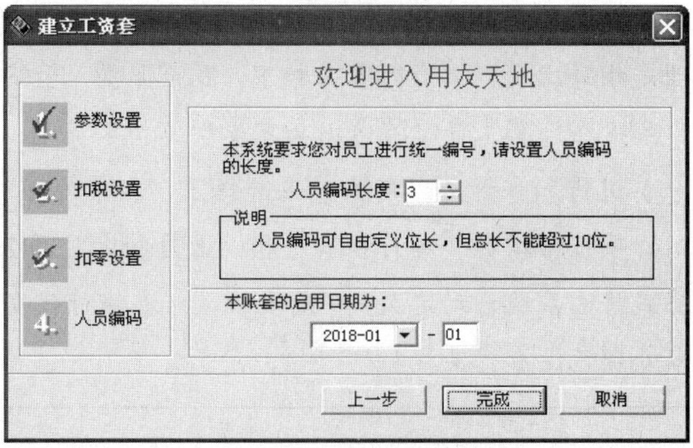

图5-5　人员编码

（6）“是否以2018-01-01为当前工资类别的启用日期”中，如图5-6所示，单击“是”按钮。

图5-6　工资管理

注意事项

工资类别可以是“单个”，也可以是“多个”。比如，若选择多个工资类别，可设置“正式人员”和“临时人员”工资类别。不同的工资类别工资项目是不一样的。

注意事项

选择代扣个人所得税后，系统将自动生成工资项目“代扣税”，并自动进行代扣税金的计算。

注意事项

扣零处理是指每次发放工资时零头扣下，积累取整，于下次工资发放时补上，系统在计算工资时将依据扣零类型（扣零至元、扣零至角、扣零至分）进行扣零计算。用户一旦选择了“扣零处理”，系统自动在固定工资项目中增加“本月扣零”和“上月扣零”两个项目，扣零的计算公式将由系统自动定义，不需要设置；在银行代发工资的情况下，扣零处理已没有意义。

二、设置陈红为工资类别主管

（1）单击“工资/设置/权限设置”菜单命令，打开“权限设置”对话框。

（2）选择操作员“A02 陈红”，单击”修改”按钮，选中“工资类别主管”选项，单击“保存”按钮，如图 5-7 所示，单击“退出”按钮。

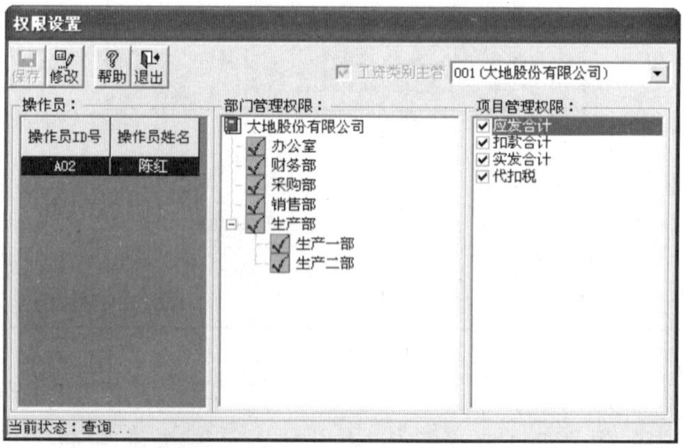

图 5-7　权限设置

三、设置人员类别：管理人员、车间管理人员、生产人员

（1）单击“工资/设置/人员类别设置”菜单命令，打开“人员类别设置”对话框。

（2）在“类别”文本框中选中“无类别”，输入“管理人员”。

（3）单击“增加”按钮。

（4）同理，输入其他人员类别，完成如图 5-8 所示，单击“返回”按钮。

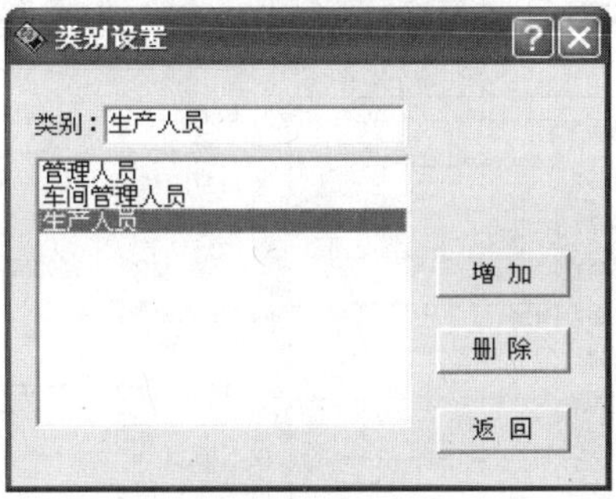

图 5-8　类别设置

注意事项

输入完人员类别后，将“无类别”删除。

四、设置人员档案

（1）单击“工资/设置/人员档案” 菜单命令，打开“人员档案”对话框，如图 5-9 所示。

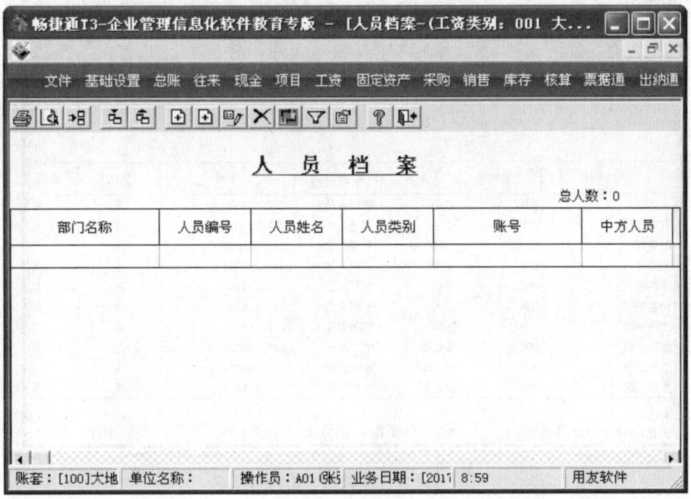

图 5-9　人员档案

（2）单击工具栏中的“增加”按钮，打开“人员档案”对话框，如图 5-10 所示。

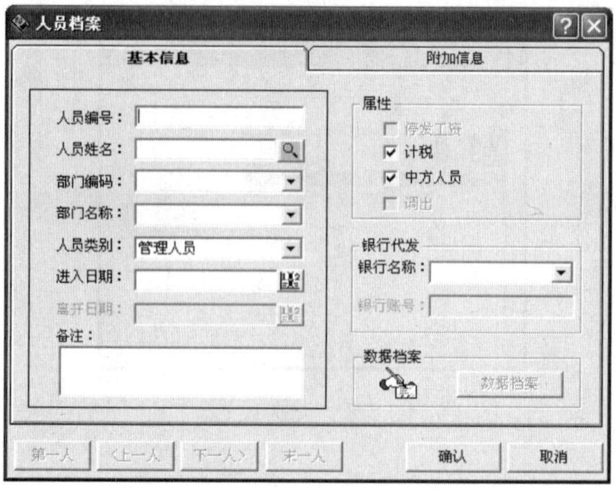

图 5-10　增加人员档案

（3）在“基本信息”选项卡中，输入或选择如下数据。

人员编号“001”；人员姓名“方明”；部门名称“办公室”；人员类别“管理人员”；银行名称“工商银行”；银行账号“20181234001”。

（4）单击“确认”按钮。

（5）同理，依上述顺序输入其他人员档案，完成如图 5-11 所示，单击“退出”按钮。

部门名称	人员编号	人员姓名	人员类别	账号	中方人员	是否计
办公室	001	方明	管理人员	20171234001	是	是
财务部	002	张强	管理人员	20171234002	是	是
财务部	003	陈红	管理人员	20171234003	是	是
财务部	004	李明	管理人员	20171234004	是	是
采购部	005	王林	生产人员	20171234005	是	是
销售部	006	汪清	生产人员	20171234006	是	是
生产一部	007	孙玲	车间管理人员	20171234007	是	是
生产一部	008	潘虹敏	生产人员	20171234008	是	是
生产二部	009	孙大海	车间管理人员	20171234009	是	是
生产二部	010	江胜利	生产人员	20171234010	是	是

图 5-11　人员档案完成

五、设置工资项目

（1）单击“工资/设置/工资项目设置” 菜单命令，打开“工资项目设置”对话框，如图 5-12 所示。

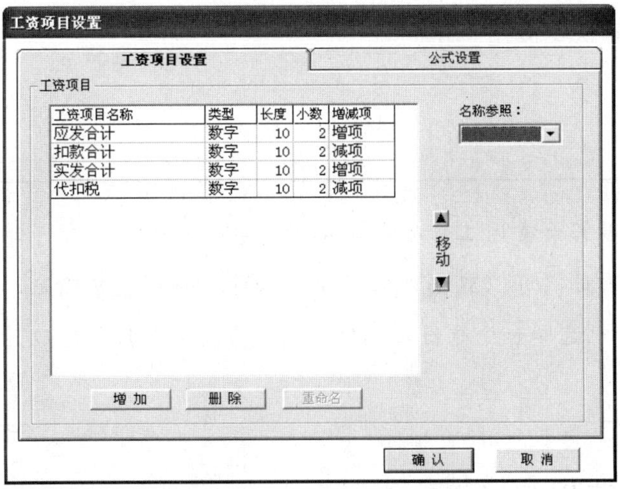

图 5-12　工资项目设置

（2）单击“增加”按钮，工资项目列表中增加一空行。

（3）单击“名称参照”下拉列表框，从下拉列表中选择“基本工资”选项。

（4）双击“类型”栏，单击下拉列表框，从下拉列表中选择“数字”选项。

（5）“长度”采用系统默认值“10”。双击“小数”栏，单击增减器的上三角按钮，将小数设为“2”。

（6）双击“增减项”栏，单击下拉列表框，从下拉列表中选择“增项”选项。

（7）同理，单击“增加”按钮，增加其他工资项目。

（8）所有项目增加完成后，利用“工资项目设置”界面上的“▲”和“▼”箭头按照资料要求所给顺序调整工资项目的排列位置，如图 5-13 所示。

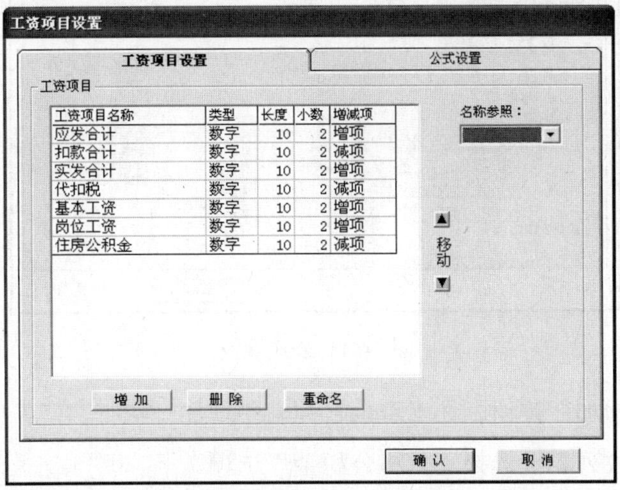

图 5-13　调整工资项目排列位置

（9）单击“确认”按钮。

注意事项

系统提供若干常用工资项目供参考，可选择输入。对于参照中未提供的工资项目，可以双击“工资项目名称”一栏直接输入，或先从“名称参照”中选择一个项目，然后单击“重命名”按钮修改为需要的项目。

六、设置计算公式

住房公积金=（基本工资+岗位工资）×0.1

应发合计=基本工资+岗位工资

扣款合计=住房公积金+代扣税

实发合计=应发合计-扣款合计

（1）单击“工资/设置/工资项目设置”菜单命令，打开“工资项目设置”对话框，单击“公式设置”选项卡，如图 5-14 所示。

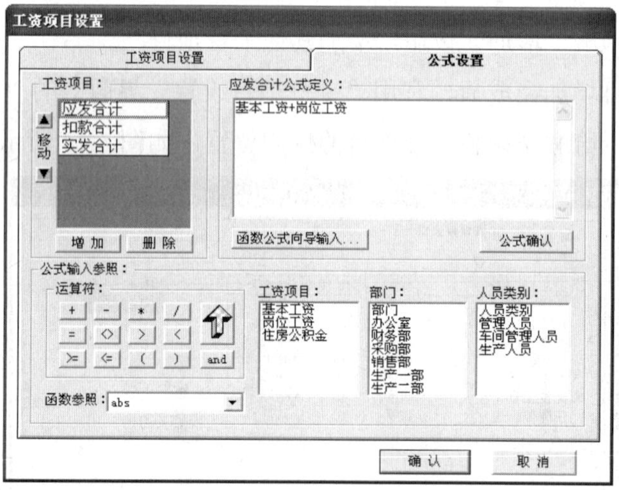

图 5-14　公式设置

（2）单击“增加”按钮，在工资项目列表中增加一空行。

（3）单击下拉列表框选择“住房公积金”选项。

（4）单击工资项目列表中的“住房公积金”，使“住房公积金”出现在公式定义文本框中。

（5）在“住房公积金”后输入“（基本工资+岗位工资）×0.1”。

（6）单击“公式确认”按钮。

（7）同理，设置其他公式。

（8）单击“确认”按钮退出。

注意事项

> 公式中的标点符号均为英文方式；本公式还可采用“函数公式向导输入”方式来输入。

七、录入职员工资

（1）单击 “工资/业务处理/工资变动” 菜单命令，打开“工资变动”对话框。

（2）根据资料输入基本工资和岗位工资数据。

（3）单击“退出”按钮，弹出信息提示框，如图 5-15 所示。

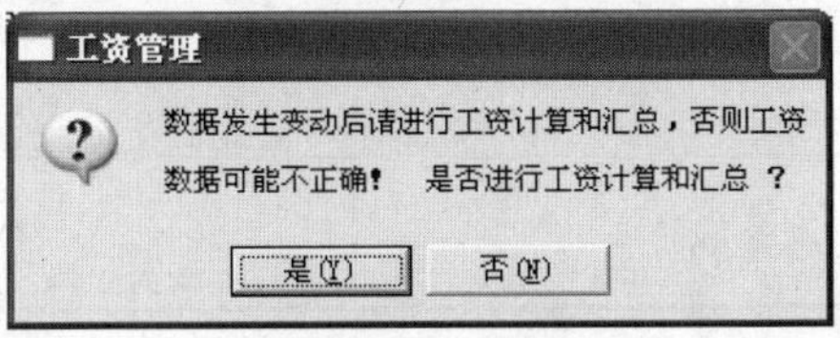

图 5-15 工资管理

（4）单击“是”按钮。

注意事项

> 这里只需要输入没有进行公式设定的项目，如基本工资、奖励工资和请假天数，其余各项由系统根据计算公式自动计算生成。

八、设置代扣个人所得税

（1）单击 “工资/业务处理/扣缴所得税” 菜单命令，打开“扣缴所得税”对话框，如图 5-16 所示。

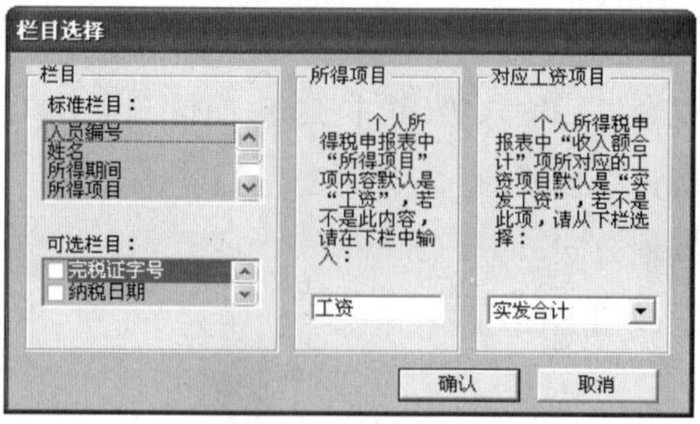

图 5-16　扣缴所得税

（2）单击“确定”按钮，打开“栏目选择”对话框。

（3）默认各项设置，单击“确认”按钮，进入“个人所得税申报表”窗口，如图 5-17 所示。

人员编号	姓名	所得期间	所得项目	收入额合计	减费用额	应纳税所得额	税率(%)	速算扣除数
001	李明	1	工资	5,445.00	2,000.00	3,445.00	15.00	125.00
002	张强	1	工资	4,950.00	2,000.00	2,950.00	15.00	125.00
003	陈红	1	工资	4,455.00	2,000.00	2,455.00	15.00	125.00
004	李明	1	工资	4,158.00	2,000.00	2,158.00	15.00	125.00
005	王林	1	工资	4,257.00	2,000.00	2,257.00	15.00	125.00
006	汪清	1	工资	4,356.00	2,000.00	2,356.00	15.00	125.00
007	孙玲	1	工资	4,554.00	2,000.00	2,554.00	15.00	125.00
008	潘虹敏	1	工资	3,960.00	2,000.00	1,960.00	10.00	25.00
009	孙大海	1	工资	4,455.00	2,000.00	2,455.00	15.00	125.00
010	江胜利	1	工资	4,158.00	2,000.00	2,158.00	15.00	125.00
	合计	1	工资	44,748.00	20,000.00	24,748.00		

图 5-17　个人所得税申报表

（4）单击工具栏中的”税率”按钮，进入“个人所得税申报表——税率表”窗口，如图 5-18 所示。

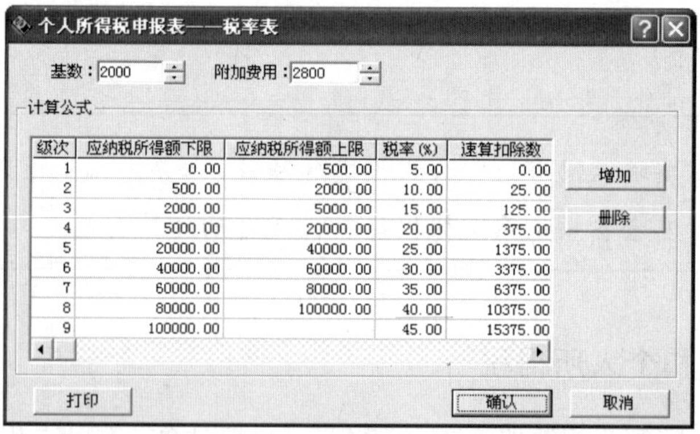

级次	应纳税所得额下限	应纳税所得额上限	税率(%)	速算扣除数
1	0.00	500.00	5.00	0.00
2	500.00	2000.00	10.00	25.00
3	2000.00	5000.00	15.00	125.00
4	5000.00	20000.00	20.00	375.00
5	20000.00	40000.00	25.00	1375.00
6	40000.00	60000.00	30.00	3375.00
7	60000.00	80000.00	35.00	6375.00
8	80000.00	100000.00	40.00	10375.00
9	100000.00		45.00	15375.00

图 5-18　个人所得税申报表——税率表

（5）修改所得税纳税基数为“3 500”。

（6）单击”确认”按钮，弹出系统提示。

（7）单击“是”按钮退出。

（8）在“个人所得税扣缴申报表”窗口中，单击工具栏中的“退出”按钮。

任务二　工资管理日常业务处理

任务导入

在工资管理系统中如何进行职工工资计算、工资分摊设置并生成工资分摊记账凭证。

任务要求

根据相关企业资料，张会计在计算机系统中进行工资管理系统的日常业务处理。

知识准备

一、工资数据录入

职工工资数据按变动频率不同分为基本不变数据和变动数据两部分。

第一次使用工资系统必须将所有人员的工资数据录入计算机，平时如果每月发生工资变动也在此更改。

二、个人所得税计算

目前我国规定个人所得税由职工所在单位代扣代缴。鉴于许多企事业单位计算职工工资薪金所得税工作量较大，本系统特提供个人所得税自动计算功能，用户只需要自定义所得税税率，系统自动计算个人所得税；既减轻了用户的工作负担，又提高了工作效率。

三、银行代发

目前社会上许多单位发放工资时都采用职工凭工资信用卡去银行取款的方式。这样做既减轻了财务部门发放工资的繁重工作，又有效避免了财务去银行提取大笔款项所承担的风险，同时还提高了对员工个人工资的保密程度。

四、工资分摊

每月月末分配工资费用时，根据工资分配汇总表贷记“应付职工薪酬工资”科目，借记各有关科目。

任务描述

一、请以账套主管“张强”(编号：A01；口令：1；日期：2018 年 1 月 1 日）身份为大地股份有限公司工资管理模板进行工资分摊设置并生成工资分摊记账凭证

按表 5-4 进行工资分摊设置，其中应付工资总额等于“应发合计”。

表 5-4　应付工资费用分摊

工资分摊 / 部门		应付工资	
		借　方	贷　方
办公室、财务部	管理人员	管理费用——工资（660201）	应付职工薪酬（2211）
采购部	生产人员	管理费用——工资（660201）	应付职工薪酬（2211）
销售部	生产人员	销售费用（6601）	应付职工薪酬（2211）
生产一部、生产二部	车间管理人员	制造费用（5101）	应付职工薪酬（2211）
生产一部、生产二部	生产人员	生产成本——直接人工（500102）	应付职工薪酬（2211）

任务处理

（1）单击“工资/业务处理/工资分摊”菜单命令，打开“工资分摊”对话框，如图 5-19 所示。

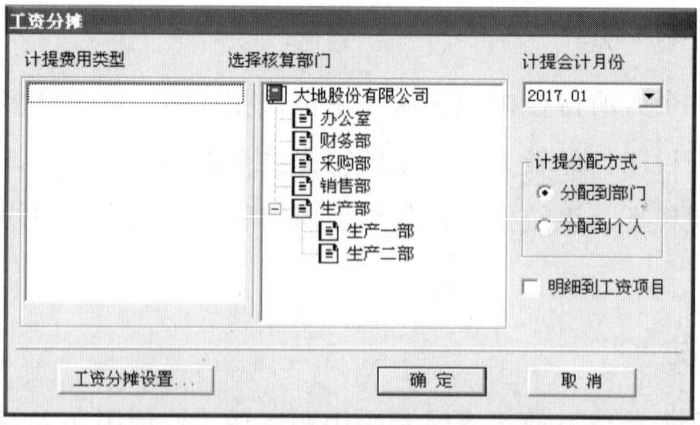

图 5-19　工资分摊 1

（2）单击“工资分摊设置”按钮，打开“分摊类型设置”对话框，如图 5-20 所示。

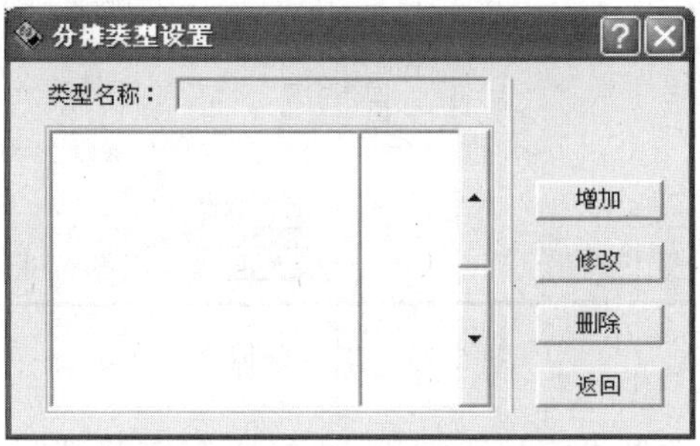

图 5-20　分摊类型设置

（3）单击“增加”按钮，打开“分摊计提比例设置”对话框，输入计提类型名称“应付工资”，分配计提比例为“100%”，如图 5-21 所示。

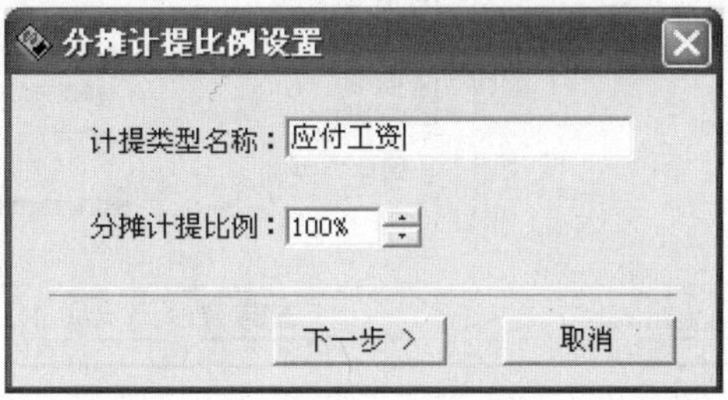

图 5-21　分摊计提比例设置

（4）单击“下一步”按钮，打开“分摊构成设置”对话框。根据表 5-4 进行设置，如图 5-22 所示，单击“完成”按钮。

图 5-22　应付工资分摊构成设置

（5）单击“返回”按钮，如图 5-23 所示。

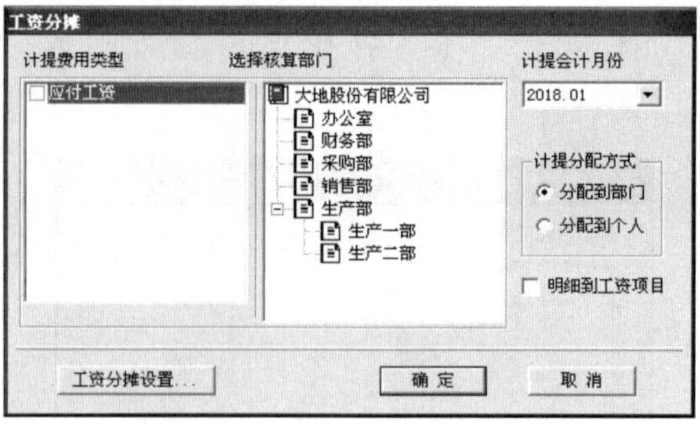

图 5-23 工资分摊 2

（6）选中计提费用类型“应付工资”，选择所有核算部门，计提分配方式为“分配到部门”，选中“明细到工资项目”，如图 5-24 所示。

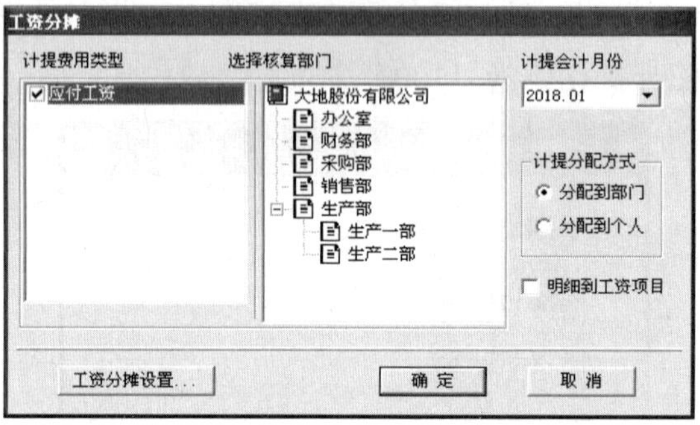

图 5-24 工资分摊 3

（7）单击“确定”按钮，如图 5-25 所示。

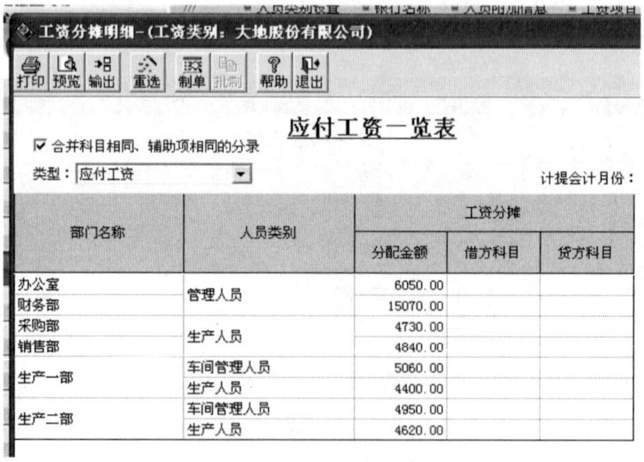

图 5-25 工资分摊明细

（8）选中“合并科目相同、辅助项相同的分录”，单击“制单”按钮，修改制单日期，将“生产一部－应付工资”中的科目“生产成本/直接人工”项目修改为“甲产品”，将“生产二部－应付工资”中的科目“生产成本/直接人工”项目修改为“乙产品”，单击“保存”按钮，如图 5-26 所示。

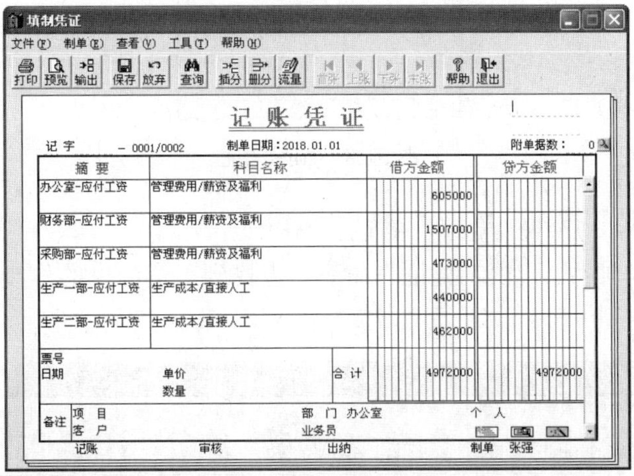

图 5-26　生成凭证

任务描述

二、请以账套主管“张强”（编号：A01；口令：1；日期：2018 年 1 月 1 日）身份删除工资分摊记账凭证

任务处理

（1）单击“工资/统计分析/凭证查询” 菜单命令，打开“凭证查询”对话框，如图 5-27 所示。

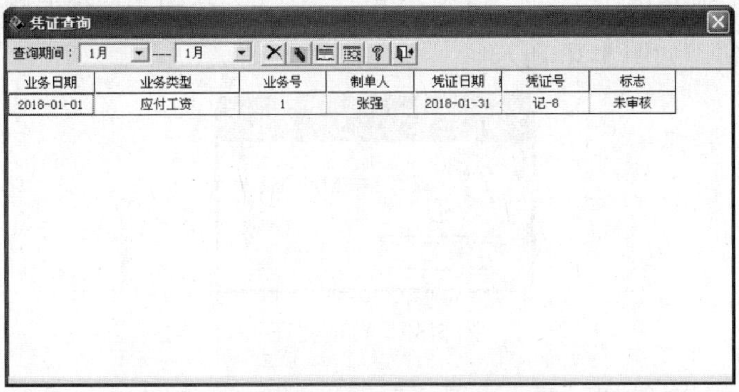

图 5-27　凭证查询

（2）选中要删除的凭证，单击“删除”按钮，如图 5-28 所示。

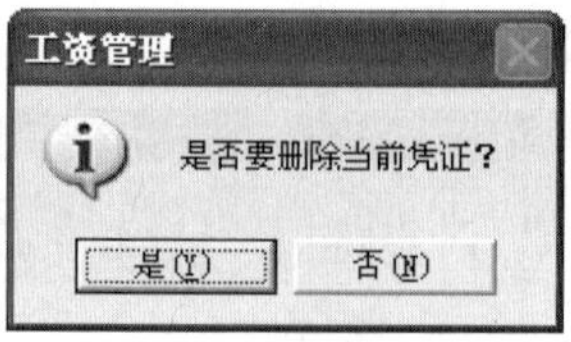

图 5-28　删除凭证

（3）单击“是”按钮，单击“退出”按钮。

（4）单击“总账/凭证/填制凭证”命令，查找到工资分摊的作废凭证，如图 5-29 所示。

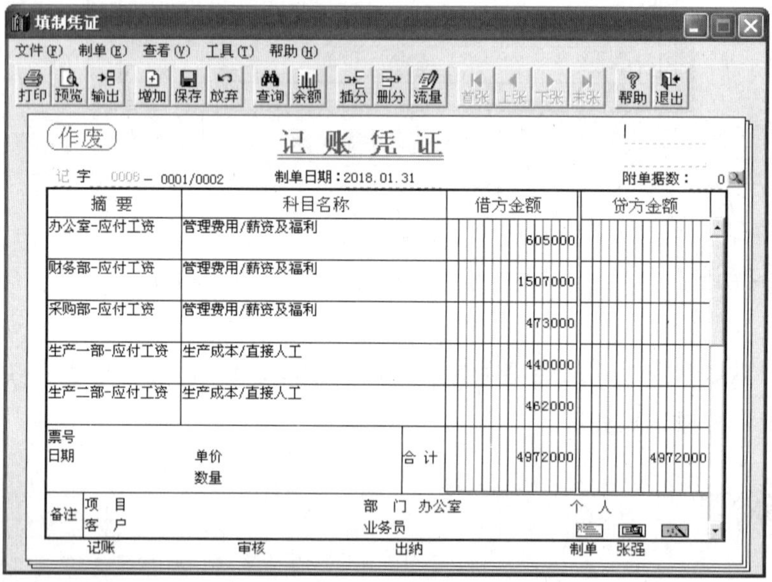

图 5-29　作废凭证

（5）单击“制单/整理凭证”命令，单击“确定”按钮，选择要删除的凭证，单击“确定”按钮，如图 5-30 所示。

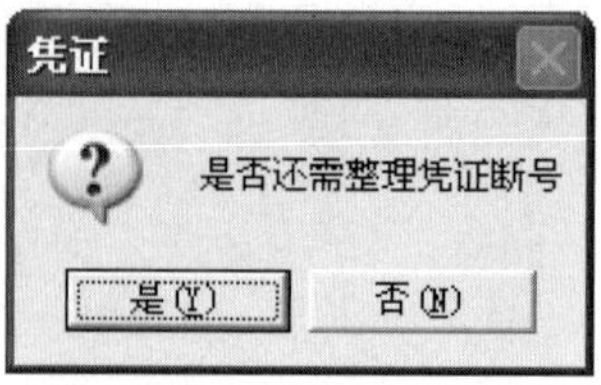

图 5-30　管理凭证

（6）单击“是”按钮，单击“退出”按钮完成凭证删除。

任务三 工资管理期末处理

任务导入

到月底了要进行工资管理系统的月末处理工作。

任务要求

根据相关企业资料，张会计在计算机系统中进行工资管理系统的月末处理工作。

知识准备

月末结转是将当月数据经过处理后结转至下月。每月工资数据处理完毕后均可进行月末结转。由于在工资项目中，有的项目是变动的，即每月的数据均不相同，在每月工资处理时，均需要将其数据清为“0”，而后输入当月的数据，此类项目即为清零项目。

任务描述

以账套主管“张强”（编号：A01；口令：1；日期：2018 年 1 月 31 日）身份为大地股份有限公司在工资管理系统中完成月末结账工作。

任务处理

（1）单击“工资/业务处理/月末处理”菜单命令，打开“月末处理”对话框，如图 5-31 所示。

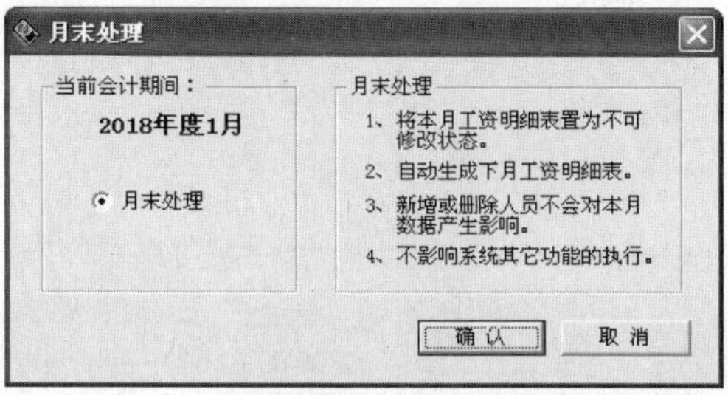

图 5-31 月末处理

（2）单击“确定”按钮，打开“工资管理”对话框，如图 5-32 所示。

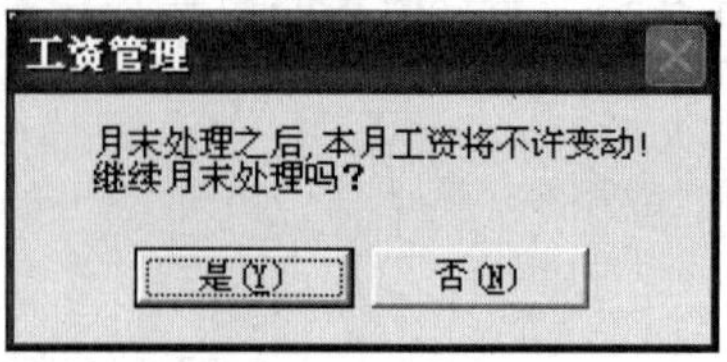

图 5-32　工资管理

（3）单击“是”按钮，完成工资月末处理。

注意事项

月末处理之前，要保证本月工资数据变动完毕。

项目六

固定资产管理

项目引领

固定资产管理系统用于企事业单位进行固定资产核算和管理，帮助企业财务部门进行固定资产总值、累计折旧数据的动态管理，为总账系统提供相关凭证。

项目目标

知识目标

（1）掌握畅捷通 T3 财务软件中有关固定资产管理的相关内容。

（2）掌握固定资产系统初始化、日常业务处理及月末处理的操作。

能力目标

（1）能进行固定资产系统的初始设置。

（2）能进行固定资产业务的日常处理。

（3）能进行固定资产月末处理工作。

任务一　固定资产管理初始化

任务导入

企业要进行固定资产增加、清理等工作，先要进行固定资产管理系统初始化设置。

任务要求

根据相关企业资料，张会计在畅捷通 T3 财务软件中进行固定资产管理系统的初始化设置。

知识准备

一、启用固定资产账套

（1）约定与说明。

（2）启用月份。

（3）折旧信息。

（4）编码方式。

（5）账务接口。

二、基础设置

1. 选项设置

选项中包括在账套初始化中设置的参数和其他一些在账套运行中使用的参数或判断。选项中包括与账务系统接口、基本信息、折旧信息、其他 4 个页签。

2. 部门档案设置

部门档案设置是指定义固定资产的使用单位编码和名称。

3. 部门对应折旧科目设置

部门对应折旧科目设置就是给部门选择一个折旧科目，录入卡片时，该科目自动显示在卡片中，不必一个一个输入，可提高工作效率，在生成部门折旧分配表时，每一部门按折旧科目汇总，生成记账凭证。

4. 固定资产类别设置

固定资产类别设置是指定义固定资产的分类编码和分类名称。

5. 增减方式设置

增减方式包括增加方式和减少方式两类。

6. 使用状况设置

主要的使用状况有在用、停用、大修理、不需用、未使用等。

7. 折旧方法设置

折旧方法设置是系统自动计算折旧的基础。系统给出了常用的 6 种方法：不提折旧、平均年限法（一）、平均年限法（二）、工作量法、年数总和法、双倍余额递减法。这几种方法是系统设置的折旧方法，只能选用，不能删除和修改。另外，如果这几种方法不能满足企业的使用需要，系统提供了折旧方法的自定义功能，用户可以定义自己合适的折旧方法的名称和计算公式。

8. 卡片项目设置

（1）卡片项目定义。

（2）卡片样式定义。

（3）原始卡片录入。

原始卡片是指开始使用日期在录入系统之前的资产卡片记录。使用固定资产系统进行核算前，必须将原始卡片资料录入系统，以保持历史资料的连续性。原始卡片录入不限制在第一个期间结账前进行完毕，任何时候都可以录入原始卡片。

任务描述

请以账套主管“张强”（编号：A01；口令：1；日期：2018 年 1 月 1 日）身份为大地股份有限公司固定资产管理模板进行初始化设置。

1．账套参数如表 6-1 所示。

表 6-1　账套参数

控 制 参 数	参 数 设 置
约定与说明	我同意
启用月份	2018-01
折旧信息	本账套计提折旧； 折旧方法：平均年限法（一） 折旧汇总分配周期：1 个月； 当月初已计提月份=可使用月份-1，将剩余折旧全部提足
编码方式	资产类别编码方式：2 1 1 2； 固定资产编码方式：按“类别编码+部门编码+序号”自动编码； 卡片序号长度为 3
财务接口	与账务系统进行对账； 对账科目： 固定资产对账科目：1601 固定资产； 累计折旧对账科目：1602 累计折旧
补充参数	业务发生后立即制单； 月末结账前一定要完成制单登账业务； 固定资产默认入账科目：1601，累计折旧默认入账科目：1602

2．资产类别如表 6-2 所示。

表 6-2　资产类别

编　　码	类 别 名 称	计 提 属 性
01	运输设备	正常计提
02	电子设备	正常计提

3．部门及对应折旧科目如表 6-3 所示。

表 6-3　部门及对应折旧科目

部　　门	对应折旧科目
办公室、财务部、采购部	管理费用/折旧费（660205）
销售部	销售费用（6601）

4．增减方式的对应入账科目如表 6-4 所示。

表 6-4　增减方式的对应入账科目

增 减 方 式	对应入账科目
增加方式：直接购入	工行存款（100201）
减少方式：毁损	固定资产清理（1606）

5．原始卡片如表 6-5 所示。

表 6-5　原始卡片

固定资产名称	类别编号	所在部门	增加方式	可使用年限	使用状况	开始使用日期	原　值	累计折旧
小轿车	01	财务部	直接购入	10	在用	2015-01-01	300 000	50 000
运输车	01	生产一部	直接购入	8	在用	2015-02-01	250 000	40 000
复印机	02	办公室	直接购入	10	在用	2017-03-10	25 000	3 000

任务处理

一、设置账套参数

（1）双击打开桌面“畅捷通 T3 应用软件”，用户名填入“A01”，密码填入“1”，选择“[100]大地股份有限公司”账套和“2018”年度，选择日期“2018-01-01”，如图 6-1 所示，单击“确定”按钮，进入“畅捷通 T3 应用软件”界面。

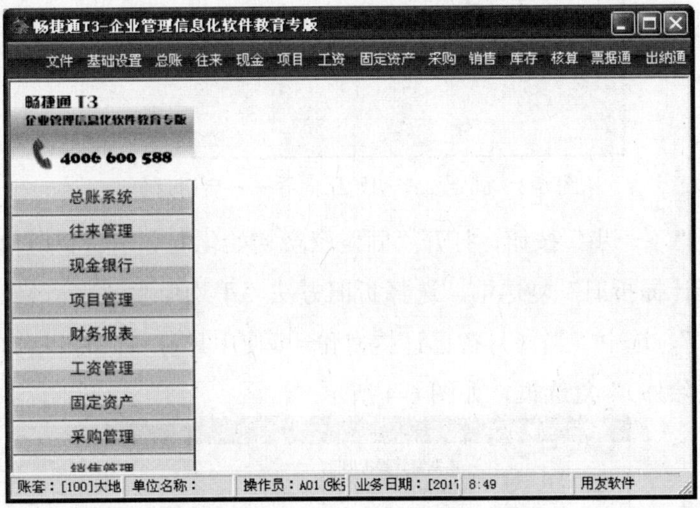

图 6-1　“畅捷通 T3 应用软件”界面

（2）单击“固定资产”菜单，弹出“这是第一次打开此账套，还未进行过初始化，是否进行初始化？”信息提示框，单击“是”按钮，打开“固定资产初始化向导——约定及说明”对话框，选择“我同意”，如图 6-2 所示。

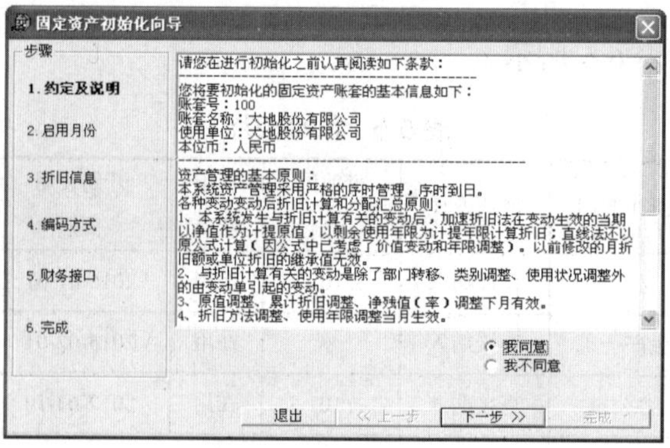

图 6-2　固定资产初始化向导——约定及说明

（3）单击“下一步”按钮，打开“固定资产初始化向导——启用月份”对话框，选择“2018-01”，如图 6-3 所示。

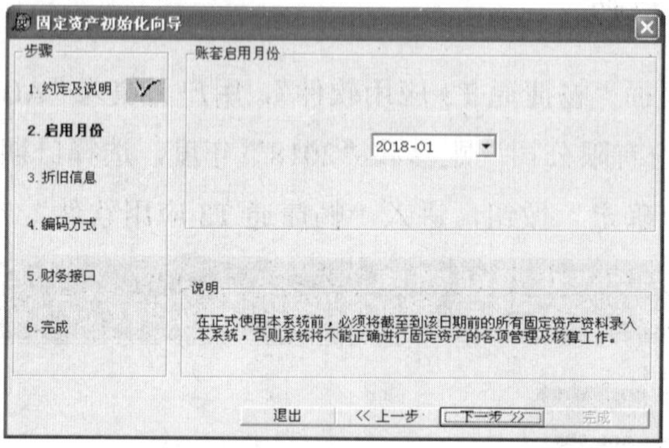

图 6-3　固定资产初始化向导——启用月份

（4）单击“下一步”按钮，打开“固定资产初始化向导——折旧信息”对话框，选中“本账套计提折旧”复选框，选择折旧方法“平均年限法（一）”，折旧分配周期为“1 个月”，选中“当（月初已计提月份=可使用月份-1）时将剩余折旧全部提足（工作量法除外）”复选框，如图 6-4 所示。

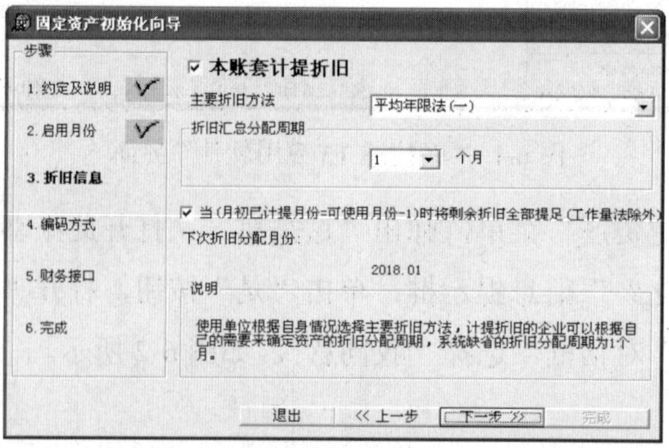

图 6-4　固定资产初始化向导——折旧信息

（5）单击“下一步”按钮，打开“固定资产初始化向导——编码方式”对话框，确定资产类别编码长度“2112”；单击“自动编号”单选按钮，选择固定资产编码方式“类别编号+部门编号+序号”，选择序号长度“3”，如图 6-5 所示。

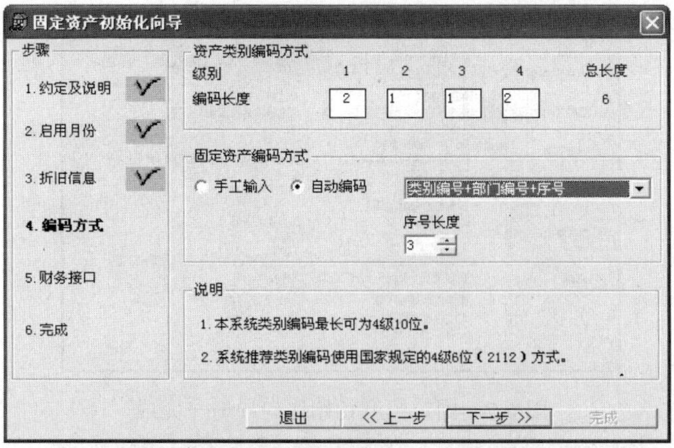

图 6-5　固定资产初始化向导——编码方式

（6）单击“下一步”按钮，打开“固定资产初始化向导——财务接口”对话框，选中“与账务系统进行对账”复选框，选择固定资产的对账科目“1601 固定资产”，累计折旧的对账科目“1602 累计折旧”，选中“在对账不平情况下允许固定资产月末结账”复选框，如图 6-6 所示。

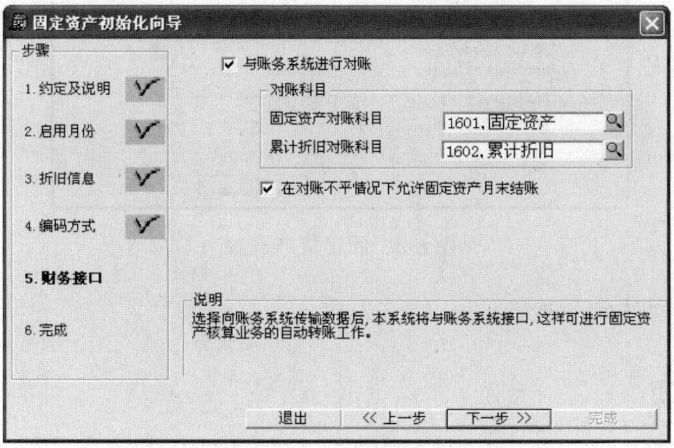

图 6-6　固定资产初始化向导——财务接口

（7）单击“下一步”按钮，打开“固定资产初始化向导——完成”对话框，如图 6-7 所示。

（8）单击“完成”按钮。

（9）单击“固定资产/设置/选项”菜单命令，打开“选项”对话框，选择“与账务系统接口”选项卡，选中“业务发生后立即制单”、“月末结账前一定要完成制单登账业务”复选框，选择默认入账科目为“1601 固定资产”、“1602 累计折旧”，如图 6-8 所示。

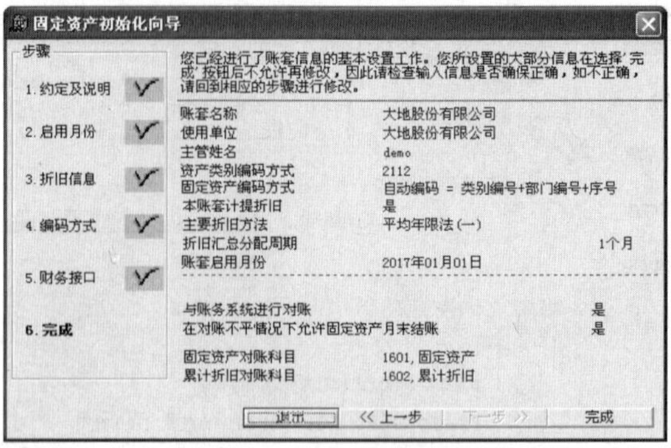

图 6-7 固定资产初始化向导——完成

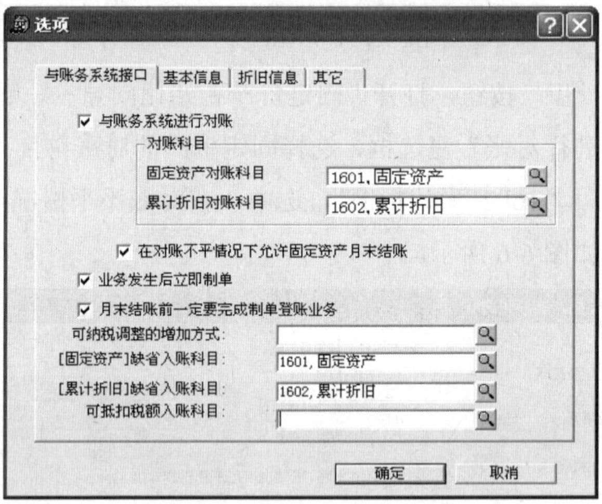

图 6-8 固定资产选项

（10）单击“确定”按钮。

注意事项

初始化设置完成后，有些参数不能修改，所以要慎重；如果发现参数有错，必须改正，只能通过固定资产系统的系统菜单“维护→重新初始化账套功能”命令实现，该操作将清空您对该子账套所做的一切工作。

二、设置资产类别

（1）单击 “固定资产/设置/资产类别” 菜单命令，打开“类别编码表”对话框。单击“单张视图”选项卡，单击“增加”按钮，输入类别名称“运输设备”，净残值率“5%”；选择计提属性“正常计提”，折旧方法“平均年限法（一）”，卡片样式“通用样式”。

（2）单击“保存”按钮，同理，根据资料完成其他资产类别的设置。

（3）单击“退出”按钮。

三、设置部门及对应折旧科目

（1）单击“固定资产/设置/部门及对应折旧科目” 菜单命令，打开“部门编码表”对话框，选择部门“办公室”，单击“修改”按钮，选择或输入折旧科目“660205 管理费用/折旧费”。

（2）单击“保存”按钮，同理，根据资料完成其他部门及对应折旧科目的设置。

（3）单击“退出”按钮。

四、设置增减方式的对应入账科目

（1）单击“固定资产/设置/增减方式” 菜单命令，打开“增减方式”对话框。在左边列表框中，单击增加方式“直接购入”，单击“修改”按钮，输入对应入账科目“银行存款/工行存款（100201）”。

（2）单击“保存”按钮，同理，根据资料完成其他部门及对应折旧科目的设置。

（3）单击“退出”按钮。

五、录入原始卡片

（1）单击“固定资产/卡片/录入原始卡片”菜单命令，打开“类别编码表”对话框。

（2）选择固定资产类别“01 运输设备”。

（3）单击“确认”按钮，进入“固定资产卡片录入”窗口。

（4）输入固定资产名称“小轿车”，双击部门名称选择“财务部”，双击增加方式选择“直接购入”，双击使用状况选择“在用”；输入开始使用日期“2015-01-01”；输入原值“300 000”，累计折旧“50 000”；输入可使用年限“10 年”；其他信息自动算出。

（5）单击“保存”按钮，弹出“数据成功保存”信息提示框。

（6）同理录入其他原始卡片。

注意事项

卡片编号：系统根据初始化时定义的编码方案自动设定，不能修改，如果删除一张卡片，又不是最后一张时，系统将保留空号；已计提月份：系统将根据开始使用日期自动算出，但可以修改，请将使用期间停用等不计提折旧的月份扣除；月折旧率、月折旧额：与计算折旧有关的项目录入后，系统会按照输入的内容自动算出并显示在相应项目内，可与手工计算的值比较，核对是否有错误；在进入“固定资产卡片录入”窗口后，若单击“取消”按钮，则表示不增加固定资产卡片，此时可查询以前输入的卡片进行修改。

任务二　固定资产管理日常业务处理

任务导入

在固定资产管理系统中如何进行固定资产增加、减少及固定资产的折旧。

任务要求

根据相关企业资料，张会计在计算机系统中进行固定资产管理系统的日常业务处理。

知识准备

一、固定资产增加

固定资产增加操作也称新卡片录入，固定资产的增加包括固定资产的购建、外单位转入、捐赠、盘盈等，核算时根据实际业务要求，在固定资产卡片中选择输入固定资产增加的信息内容。

二、固定资产减少

固定资产减少的基本途径，可分为固定资产的出售、报废、毁损、盘亏等。

三、固定资产变动

固定资产变动是指对与计算有关的项目所做的调整，包括固定资产原值变动、部门转移、使用状况变动、使用年限调整、折旧方法调整、净残值（率）调整、工作总量调整、累计折旧调整、资产类别调整等。

四、固定资产折旧

系统每期计提折旧一次，根据使用者录入系统的资料自动计算每项资产的折旧，并自动生成折旧分配表，然后编制记账凭证，将本期的折旧费用自动登账。

五、批量制单

完成任何一笔需要制单的业务的同时，可以通过单击“制单”制作记账凭证传输到账务处理系统，也可以在当时不制单（选项中制单时间的设置为“不立即制单”）而在某一时间（比如月底）利用本系统提供的另一功能“批量制单”完成制单工作，批量制单功能可同时将一批需要制单的业务连续制作凭证传输到账务系统，避免了多次制单的烦琐。这样填制凭证就有两种方法：在业务发生后立即制单或者在期末批量制单。

任务描述

（1）20 日，办公室购买扫描仪一台，价值 2 000 元，净残值率为 5%，预计使用年限 5 年。

（2）29 日，财务部小轿车毁损，进行固定资产清理。

（3）31 日，计提本月固定资产折旧。

任务处理

一、资产增加

（1）单击“固定资产/卡片/资产增加”菜单命令，进入“资产类别参照”窗口。

（2）选择资产类别“02 电子设备”。

（3）单击“确认”按钮，进入“固定资产卡片新增”窗口。

（4）输入固定资产名称“扫描仪”；双击使用部门选择“办公室”，双击增加方式选择“直接购入”，双击使用状况选择“在用”；输入原值“2 000”，可使用年限“5 年”，开始使用日期“2018-01-20”。

（5）单击“保存”按钮，进入“填制凭证”窗口。

（6）选择凭证类型“记账凭证”，修改制单日期。

（7）单击“保存”按钮。

注意事项

> 固定资产原值一定要输入卡片录入月月初的价值，否则会出现计算错误；新卡片第一个月不提折旧，累计折旧为空或 0；卡片输入完后，也可以不立即制单，月末可以批量制单。

二、资产减少

（1）单击 “固定资产/卡片/资产减少” 菜单命令，进入“资产减少”窗口。

（2）选择卡片编号“0001”。

（3）单击“增加”按钮。

（4）选择减少方式“毁损”。

（5）单击“确定”按钮，进入“填制凭证”窗口。

（6）选择“记账凭证”，修改其他项目。

（7）单击“保存”按钮。

三、计提折旧

（1）单击 “固定资产/处理/计提本月折旧” 菜单命令，弹出“本操作将计提本月折旧，并花费一定时间，是否要继续？”提示框。

（2）单击“是”按钮，弹出“是否要查看折旧清单？”提示框。

（3）单击“是”按钮，进入“折旧清单”窗口。

（4）单击“退出”按钮，弹出信息提示框“计提折旧完成！”。

（5）单击“确定”按钮。

（6）单击“固定资产/处理/折旧分配表” 菜单命令，进入“折旧分配表”窗口。

（7）单击“凭证”按钮，进入“凭证填制”窗口。

（8）选择凭证类型“记账凭证”。

（9）单击“保存”按钮。

任务三　固定资产管理期末处理

任务导入

到月底了要进行工资管理系统的月末处理工作。

任务要求

根据相关企业资料，张会计在计算机系统中进行固定资产管理系统的月末处理工作。

知识准备

一、对账

系统在运行过程中，应保证本系统管理的固定资产的价值和账务系统中固定资产科目的数值相等。而两个系统的资产价值是否相等，通过执行本系统提供的对账功能实现，对账操作不限制执行的时间，任何时候均可进行对账。系统在执行月末结账时自动对账一次，给出对账结果，并根据初始化或选项中的判断确定不平情况下是否允许结账。

只有系统初始化或选项中选择了与账务对账，本功能才可操作。

二、月末结账

根据制度规定，每月都需要进行月末结账。

固定资产系统生成凭证后，自动传递到总账系统。在总账系统中审核、记账。

任务描述

以账套主管“张强”（编号：A01；口令：1；日期：2018 年 1 月 31 日）身份为大地股份有限公司在固定资产管理系统中完成月末结账工作。

任务处理

（1）单击“固定资产/处理/月末结账”菜单命令，打开“月末处理”对话框。

（2）单击“确定”按钮。

（3）单击“是”按钮，完成固定资产月末处理。

任务实施

练一练

用友畅捷通考试练习一

第一题　建立账套

请根据以下账套资料，为锡泰电子公司建立账套。（未给信息请保持系统默认值。）

1．账套信息

账套号：800；账套名称：锡泰电子公司；账套路径默认；启用会计期：2017年2月。

2．单位信息

单位名称：锡泰电子公司；单位简称：锡泰电子。

3．核算类型

企业类型：工业；行业性质：2007年新会计准则。

4．基础信息

无存货分类；无客户分类；无供应商分类；无外币核算。

5．分类编码方案

会计科目编码级次：4-2-2

6．系统启用

启用总账模块、工资模块和固定资产模块，启用日期为2017年2月1日。

第二题　操作员及权限设置

请根据表6-6操作员和权限资料，为锡泰电子公司建立操作员，并为操作员分配指定的权限。

表 6-6　操作员和权限

编　号	姓　名	口　令	权　限
811	方明	1	账套主管
812	李华	2	公用目录设置、总账、工资管理、固定资产

第三题　总账模块初始化

请以“方明”（编号：811；口令：1；日期：2017 年 2 月 1 日）身份为锡泰电子公司总账模板进行初始化设置。

1．基础档案

（1）部门档案如表 6-7 所示。

表 6-7　部门档案

部 门 编 码	部 门 名 称
1	财务处

（2）客户档案如表 6-8 所示。

表 6-8　客户档案

客 户 编 号	客 户 名 称	客 户 简 称
001	华信公司	华信

（3）凭证类别。

只设置“记账凭证”一种类别。

（4）会计科目如表 6-9 所示。

表 6-9　会计科目

科 目 编 码	科 目 名 称
1122	应收账款（辅助核算：客户往来）
410401	未分配利润

2．期初余额、应收账款明细如表 6-10、表 6-11 所示

表 6-10　期初余额

科 目 名 称	方　向	期初余额（元）
应收账款	借	80 000
未分配利润	贷	80 000

表 6-11 应收账款明细

日期：2017-01-31	客户：华信公司	摘要：销售商品	借：金额 80 000

第四题 工资管理模块初始化

请以“方明”（编号：811；口令：1；日期：2017 年 2 月 1 日）身份为锡泰电子公司工资管理模板进行初始化设置。

1．工资类别数：单个；核算币种：人民币 RMB；代扣个人所得税；不进行扣零处理；人员编码长度：3 位；工资类别的启用日期为“2017-02-01”。

2．设置李华为工资类别主管。

3．人员类别分为：管理人员。

4．人员档案如表 6-12 所示。（全部人员为中方人员，计税，通过工商银行代发工资。）

表 6-12 人员档案

职员编号	职员名称	所属部门	职员类别	银行账号
811	方明	财务处	管理人员	20170000811
812	李华	财务处	管理人员	20170000812

5．工资项目如表 6-13 所示。

表 6-13 工资项目

项目名称	类型	长度	小数位	增减项
基本工资	数字	10	2	增项
岗位工资	数字	10	2	增项
住房公积金	数字	10	2	减项

6．计算公式。

住房公积金=（基本工资+岗位工资）×0.1

应发合计=基本工资+岗位工资

扣款合计=住房公积金+代扣税

实发合计=应发合计-扣款合计

7．职员工资情况如表 6-14 所示。

表 6-14 职员工资情况

职员编号	职员名称	基本工资（元）	岗位工资（元）
811	方明	4 500	4 200
812	李华	4 200	4 000

8．工资分摊如表 6-15 所示。（计提类型：应付工资；计提比例：100%；以“应发合计”为基础。）

表 6-15　工资分摊

部门 \ 工资分摊		工资总额（100%）	
		借　方	贷　方
财务处	管理人员	6602	2211

第五题　固定资产模块初始化

请以“方明”（编号：811；口令：1；日期：2017 年 2 月 1 日）身份为锡泰电子公司固定资产模板进行初始化设置。

（1）账套参数如表 6-16 所示。

表 6-16　账套参数

控制参数	参数设置
约定与说明	我同意
启用月份	2017-02
折旧信息	本账套计提折旧； 折旧方法：平均年限法（一） 折旧汇总分配周期：1 个月； 当月初已计提月份=可使用月份-1，将剩余折旧全部提足
编码方式	资产类别编码方式：2 1 1 2； 固定资产编码方式：按“类别编码+部门编码+序号”自动编码； 卡片序号长度为 3
财务接口	与账务系统进行对账； 对账科目： 固定资产对账科目：1601 固定资产； 累计折旧对账科目：1602 累计折旧

补充参数：①业务发生后立即制单；

②月末结账前一定要完成制单登账业务；

③固定资产默认入账科目：1601，累计折旧默认入账科目：1602。

（2）资产类别如表 6-17 所示。

表 6-17　资产类别

编　码	类别名称	计提属性
01	运输设备	正常计提

（3）部门及对应折旧科目如表 6-18 所示。

表 6-18　部门及对应折旧科目

部　门	对应折旧科目
财务处	管理费用

（4）增减方式的对应入账科目如表 6-19 所示。

表 6-19　增减方式的对应入账科目

增 减 方 式	对应入账科目
增加方式：直接购入	银行存款
减少方式：毁损	固定资产清理

（5）原始卡片如表 6-20 所示。

表 6-20　原始卡片

固定资产名称	类别编号	所在部门	增加方式	可使用年限	使用状况	开始使用日期	原值	累计折旧
运输车	01	财务处	直接购入	10	在用	2014-02-01	300 000	50 000

第六题　经济业务处理

请根据以下经济业务资料，以“李华”（编号：812；口令：2；日期：2017 年 2 月 1 日）身份填制和生成记账凭证，以“方明”（编号：811；口令：1；日期：2017 年 2 月 28 日）身份对记账凭证进行审核、记账。

（1）8 日，销售商品给华信公司，货款共计 250 000 元，尚未收取，假定不考虑增值税。

摘要：销售商品

借：应收账款（客户：华信公司）

　　贷：主营业务收入

（2）28 日，计提固定资产折旧。（要求：此凭证要求在固定资产模块自动生成。）

借：管理费用

　　贷：累计折旧

（3）28 日，财务处运输车毁损，进行固定资产清理。（要求：此凭证要求在固定资产模块自动生成。）

借：固定资产清理

累计折旧

贷：固定资产

第七题 编制财务报表

请以“方明”（编号：811；口令：1；日期：2017年2月28日）身份编制财务报表。

编制自定义报表，如表6-21所示，将该表以“应收账款明细表”保存。

表6-21 应收账款明细表

A	B	C	D	E
应收账款明细表				
	2017年	2月	28日	
应收账款	期初数	本期收入	本期支出	期末数
华信公司				

要求：（1）各项目的内容和单元格位置一定要与上相同。

（2）通过自定义公式取得各项数据。

（3）“年”、“月”要定义关键字。

（4）生成2017年2月报表数据。

用友畅捷通考试练习二

要求：在D盘建立“班级学号姓名”文件夹（如131101张三）。

第一题 建立账套

请根据以下账套资料，为拓华有限责任公司建立账套。（未给信息请保持系统默认值。）

1. 账套信息

账套号：8××（××代表学号）；账套名称：拓华有限责任公司；账套路径默认；启用会计期：2018年01月。

2. 单位信息

单位名称：拓华有限责任公司；单位简称：拓华公司。

3. 核算类型

企业类型：工业；行业性质：新会计制度科目。

4. 基础信息

无存货分类；无客户分类；无供应商分类；无外币核算。

5．系统启用

启用总账模块、工资模块和固定资产模块，启用日期为2018年1月1日。

第二题　操作员及权限设置

请根据表6-22操作员和权限资料，为拓华有限责任公司建立操作员，并为操作员分配指定的权限。

表6-22　操作员和权限

编　号	姓　名	口　令	权　限
2001	张三	111	账套主管
2002	李四	222	公用目录设置、总账、工资管理、固定资产、财务报表
2003	王五	333	现金管理、出纳签字

第三题　总账模块初始化

请以“张三”（编号：2001；口令：111；日期：2018年1月1日）身份为拓华有限责任公司总账模板进行初始化设置。

1．基础档案

（1）部门档案如表6-23所示。

表6-23　部门档案

部 门 编 码	部 门 名 称
1	财务部

（2）客户档案如表6-24所示。

表6-24　客户档案

客 户 编 号	客 户 名 称	客 户 简 称
001	长河公司	长河

（3）凭证类别。

只设置“记账凭证”一种类别。

（4）会计科目如表6-25所示。

表6-25　会计科目

会计一级科目	增加二级科目、辅助核算
银行存款	工商银行
银行存款	建设银行

续表

会计一级科目	增加二级科目、辅助核算
应收账款	（辅助核算：客户往来）
管理费用	工资（辅助核算：部门核算）
管理费用	折旧费（辅助核算：部门核算）
管理费用	差旅费（辅助核算：部门核算）
管理费用	办公费（辅助核算：部门核算）
管理费用	招待费（辅助核算：部门核算）
管理费用	其　他（辅助核算：部门核算）

指定“现金”为现金总账科目、“银行存款”为银行总账科目。

2．总账余额、应收账款明细如表 6-26、表 6-27 所示

表 6-26　总账余额

科 目 名 称	借 或 贷	期初余额（元）
库存现金	借	7 200
建设银行	借	1 666 800
工商银行	借	129 600
应收票据	借	
应收账款	借	180 000
库存商品	借	390 000
固定资产	借	300 000
累计折旧	贷	50 000
短期借款	贷	34 440
应付账款	贷	
应付工资	贷	14 000
销项税额	贷	21 000
实收资本	贷	2 554 160

表 6-27　应收账款明细

日期：2017-12-31	客户：长河公司	摘要：销售商品	借：金额 180 000

第四题　工资管理模块初始化

请以“张三”（编号：2001；口令：111；日期：2018 年 1 月 1 日）身份为拓华有限责任公司管理模板进行初始化设置。

（1）工资类别数：单个；核算币种：人民币 RMB；代扣个人所得税；不进行扣

零处理；人员编码长度：4位；工资类别的启用日期为“2018-01-01”。

（2）设置李四为工资类别主管。

（3）人员类别分为：管理人员。

（4）人员档案如表6-28所示。（全部人员为中方人员，计税，通过工商银行代发工资。）

表6-28　人员档案

职员编号	职员名称	所属部门	职员类别	银行账号
2001	张三	财务部	管理人员	20110002001
2002	李四	财务部	管理人员	20110002002
2003	王五	财务部	管理人员	20110002003

（5）工资项目如表6-29所示。

表6-29　工资项目

项目名称	类型	长度	小数位	增减项
基本工资	数字	10	2	增项
岗位工资	数字	10	2	增项
住房公积金	数字	10	2	减项

（6）计算公式。

住房公积金=（基本工资+岗位工资）×0.1

应发合计=基本工资+岗位工资

扣款合计=住房公积金+代扣税

实发合计=应发合计-扣款合计

（7）职员工资情况如表6-30所示。

表6-30　职员工资情况

职员编号	职员名称	基本工资（元）	岗位工资（元）
801	张三	4 500	4 200
802	李四	4 200	4 000
803	王五	4 000	3 800

（8）代扣个人所得税：计税基数3 500。

（9）工资分摊如表6-31所示。（计提类型：应付工资；计提比例：100%；以“应发合计”为基础。）

表 6-31　工资分摊

部门 \ 工资分摊		工资总额 100%	
		借　方	贷　方
财务部	管理人员	管理费用——工资	应付工资

第五题　固定资产模块初始化

请以“张三”（编号：2001；口令：111；日期：2018 年 1 月 1 日）身份为拓华有限责任公司固定资产模板进行初始化设置。

（1）账套参数如表 6-32 所示。

表 6-32　账套参数

控制参数	参数设置
约定与说明	我同意
启用月份	2018-01
折旧信息	本账套计提折旧； 折旧方法：平均年限法（一） 折旧汇总分配周期：1 个月； 当月初已计提月份=可使用月份-1，将剩余折旧全部提足
编码方式	资产类别编码方式：2 1 1 2； 固定资产编码方式：按“类别编码+部门编码+序号”自动编码； 卡片序号长度为 3
财务接口	与账务系统进行对账； 对账科目： 固定资产对账科目：1601 固定资产； 累计折旧对账科目：1602 累计折旧

补充参数：①业务发生后立即制单；

②月末结账前一定要完成制单登账业务；

③固定资产默认入账科目：1601，累计折旧默认入账科目：1602。

（2）资产类别如表 6-33 所示。

表 6-33　资产类别

编　码	类别名称	计提属性
01	运输设备	正常计提

（3）部门及对应折旧科目如表 6-34 所示。

表 6-34　部门及对应折旧科目

部　门	对应折旧科目
财务部	管理费用——折旧费

（4）增减方式的对应入账科目如表 6-35 所示。

表 6-35　增减方式的对应入账科目

增 减 方 式	对应入账科目
增加方式：直接购入	建设银行
减少方式：毁损	固定资产清理

（5）原始卡片如表 6-36 所示。

表 6-36　原始卡片 1

固定资产名称	类别编号	所在部门	增加方式	可使用年限	使用状况	开始使用日期	原值	累计折旧
汽车	01	财务部	直接购入	10	在用	2014-02-01	300 000	50 000

第六题　经济业务处理

请根据以下经济业务资料，以“李四”（编号：2002；口令：222；日期：2018 年 1 月 1 日）身份填制和生成记账凭证。

（1）5 日，销售商品给长河公司，货款 250 000 元，尚未收取，增值税税率为 17%。

（2）8 日，支付广告费 3 000 元，以建行账户支付。

（3）10 日，财务部购买办公用品 500 元，以现金支付。

（4）12 日，收到长河公司上月欠款 180 000 元，存入建行账户。

（5）20 日，财务部购买了一辆汽车。（要求：此凭证要求在固定资产模块自动生成。）原始卡片如表 6-37 所示。

表 6-37　原始卡片 2

固定资产名称	类别编号	所在部门	增加方式	可使用年限	使用状况	开始使用日期	原值	累计折旧
小轿车	01	财务部	直接购入	8	在用	2018-01-20	200 000	40 000

（6）20 日，支付财务部工资 24 700 元，以建行账户支付。

（7）31 日，计提本月财务部工资并生成工资费用分配凭证。（在工资模块自动完成，选择“明细到工资项目”、“合并科目相同、辅助项相同的分录”。）

（8）31 日，计提固定资产折旧。（要求：此凭证要求在固定资产模块自动生成。）

（9）31 日，财务部运输车毁损，进行固定资产清理。（要求：此凭证要求在固定资产模块自动生成。）

（10）31 日，期间损益结转。（要求：通过自动转账功能实现。）

（11）以“王五”（编号：2003；口令：333；日期：2018 年 1 月 31 日）身份对记账凭证出纳签字，以“张三”（编号：2001；口令：111；日期：2018 年 1 月 31 日）身份对记账凭证进行审核、记账、工资月末处理、固定资产月末处理和结账。

第七题　编制财务报表

请以“李四”（编号：2002；口令：222；日期：2018 年 1 月 31 日）身份编制财务报表。

（1）利用报表模板，编制 2018 年 1 月“利润表”（新会计制度行业），将该表以“利润表”保存在“班级学号姓名”文件夹中。

（2）利用报表模板，编制 2018 年 1 月“资产负债表”（新会计制度行业），将该表以“资产负债表”保存在“班级学号姓名”文件夹中。

第八题　进行账套数据的备份（保存在 D 盘“班级学号姓名”文件夹下）

第九题　将“班级学号姓名”文件夹上传

项目七

购销存管理

项目引领

购销存管理系统是财务管理软件中重要的组成部分，它是企业级财务软件从财务部门延伸到业务部门并实现财务业务一体化管理的最明显的表现形式。购销存管理系统的应用，从根本上解决了将财务数据与业务数据割裂开的做法，使资金流与物流同步，并相互制约，加快了企业对市场的反应速度，提高了决策的有效性。

项目目标

知识目标

（1）了解采购管理、销售管理、库存管理、存货核算的相关内容。

（2）掌握购销存系统基础信息设置、期初余额录入。

能力目标

（1）能进行普通采购业务处理。

（2）能进行普通销售业务处理。

（3）能进行普通库存业务处理。

任务一 购销存管理初始化

任务导入

要进行购销存业务的处理和核算，首先要进行购销存资料的初始化。

任务要求

根据相关会计资料，张会计在畅捷通 T3 财务软件中进行购销存管理初始化工作。

知识准备

（1）购销存账套参数设置。

（2）购销存系统期初数据录入。

任务描述

请以账套主管“张强”（编号：A01；口令：1；日期：2018 年 1 月 1 日）身份为大地股份有限公司进行购销存初始化设置。

1. 基础信息

（1）存货分类如表 7-1 所示。

表 7-1 存货分类

存货类别编码	存货类别名称
01	原材料
02	产品
03	其他

（2）存货档案如表 7-2 所示。

表 7-2 存货档案

存货编号	存货名称	计量单位	所属分类	税率（%）	存货属性	参考成本（元）	参考售价（元）
1001	A 材料	千克	01	17	外购、生产耗用	1 000	1 100
1002	B 材料	千克	01	17	外购、生产耗用	1 200	1 300
2001	甲产品	吨	02	17	外购、销售	500	800
2002	乙产品	吨	02	17	外购、销售	900	1 200

说明：参考售价不含税。

（3）仓库档案如表 7-3 所示。

表 7-3 仓库档案

仓库编码	仓库名称	所属部门	负责人	计价方式
1	材料库	采购部	王林	先进先出法
2	产品库	销售部	汪清	先进先出法

（4）收发类别如表 7-4 所示。

表 7-4 收发类别

收发类别编码	收发类别名称	收发标志	收发类别编码	收发类别名称	收发标志
1	入库分类	收	2	出库分类	发
11	采购入库	收	21	销售出库	发
12	产成品入库	收	22	材料领用出库	发

（5）采购类型如表 7-5 所示。

表 7-5 采购类型

采购类型编码	采购类型名称	入库类别	是否默认值
1	材料采购	采购入库	是
2	其他采购	采购入库	否

（6）销售类型如表 7-6 所示。

表 7-6　销售类型

销售类型编码	销售类型名称	出 库 类 别	是否默认值
1	批发	销售出库	是
2	零售	销售出库	否

2. 基础科目

（1）存货科目如表 7-7 所示。

表 7-7　存货科目

仓 库 编 码	仓 库 名 称	存货分类编码	存 货 科 目
1	材料库	01	原材料（140301）
2	产品库	02	库存商品（140501）

（2）存货对方科目如表 7-8 所示。

表 7-8　存货对方科目

收 发 类 别	对 方 科 目
采购入库	材料采购（1401）
产成品入库	生产成本/直接材料（500101）
销售出库	主营业务成本（6401）
材料领用出库	生产成本/直接材料（500101）

（3）客户往来科目。

基本科目设置：应收科目为 1122，预收科目为 2203，销售收入科目 6001，应交增值税科目 22210102。

结算方式科目设置：现金结算对应 1001，转账支票对应 100201，现金支票对应 100201。

（4）供应商往来科目。

基本科目设置：应付科目为 2202，预付科目为 1123，采购科目 1401，采购税金科目 22210101。

结算方式科目设置：现金结算对应 1001，转账支票对应 100201，现金支票对应 100201。

3. 期初数据

（1）采购模块期初数据。

12 月 24 日，采购部王林收到太阳公司提供的 A 材料 100 千克，暂估价为 1 000 元，商品已验收入材料库，至今尚未收到发票。

12 月 28 日，采购部王林收到星星公司开具的专用发票一张，发票号为 A00116，商品为 B 材料，数量 200 千克，每套售价 1 200 元，由于天气变化影响运输，该货物尚在运输途中。

（2）库存和存货系统期初数据。

12 月 31 日，对各个仓库进行了盘点，结果如表 7-9 所示。

表 7-9　库存和存货期初

仓库名称	存货编码	存货名称	数量（个）	单价（元）
产品库	2001	甲产品	100	500
产品库	2002	乙产品	100	900

（3）客户往来期初数据。

应收账款科目的期初余额为 140 000 元，如表 7-10 所示，以销售普通发票形式输入。

表 7-10　应收账款期初

日期	发票号	客户	业务员	科目	货物代码	数量（个）	单价（元）
2017-12-05	B000123	长江工厂	汪清	1122	2001	50	1 200
2017-12-16	B000456	阿里山工厂	汪清	1122	2002	100	800

（4）供应商往来期初数据。

应付账款科目的期初余额为 280 000 元，如表 7-11 所示，以采购普通发票输入。

表 7-11　应付账款期初

日期	发票号	供应商	业务员	科目	货物代码	数量（个）	单价（元）
2017-12-12	A000102	太阳公司	王林	2202	1001	160	1 000
2017-12-28	A000200	星星公司	王林	2202	1002	100	1 200

任务处理

一、基础信息处理

（1）双击打开桌面“畅捷通 T3 应用软件”，用户名填入“A01”，密码填入“1”，选择“[100]大地股份有限公司”账套和“2018”年度，选择日期“2018-01-01”，单击“确定”按钮，进入“畅捷通 T3 应用软件”界面。

（2）单击“基础设置/存货/存货分类”命令，打开“存货分类”对话框。

（3）单击“增加”按钮，输入数据，单击“保存”按钮，如图 7-1 所示。

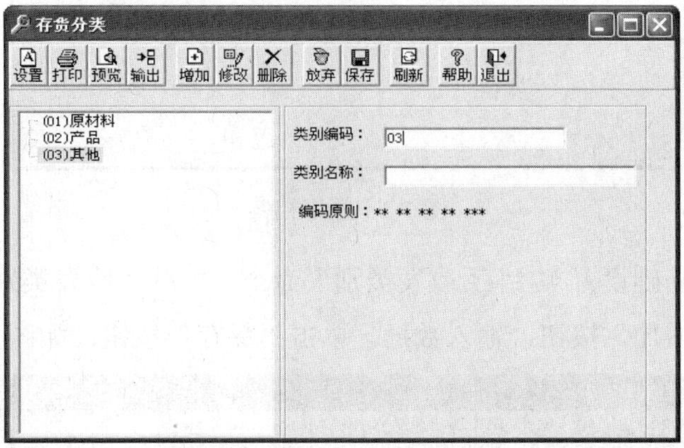

图 7-1　存货分类

（4）单击“基础设置/存货/存货档案”命令，打开“存货档案”对话框。

（5）单击“增加”按钮，输入数据，单击“保存”按钮，如图 7-2 所示。

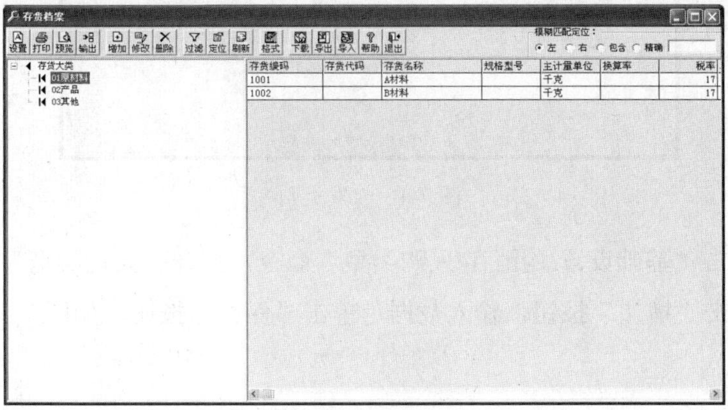

图 7-2　存货档案

(6) 单击“基础设置/购销存/仓库档案”命令，打开“仓库档案”对话框。

(7) 单击“增加”按钮，输入数据，单击“保存”按钮，如图 7-3 所示。

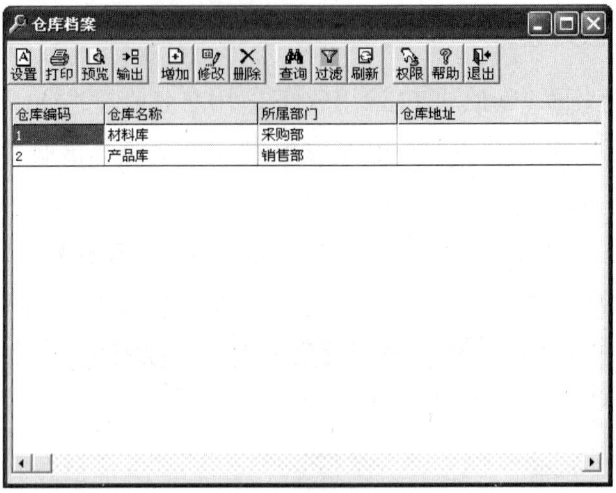

图 7-3　仓库档案

(8) 单击“基础设置/购销存/收发类别”命令，打开“收发类别”对话框。

(9) 单击“增加”按钮，输入数据，单击“保存”按钮，如图 7-4 所示。

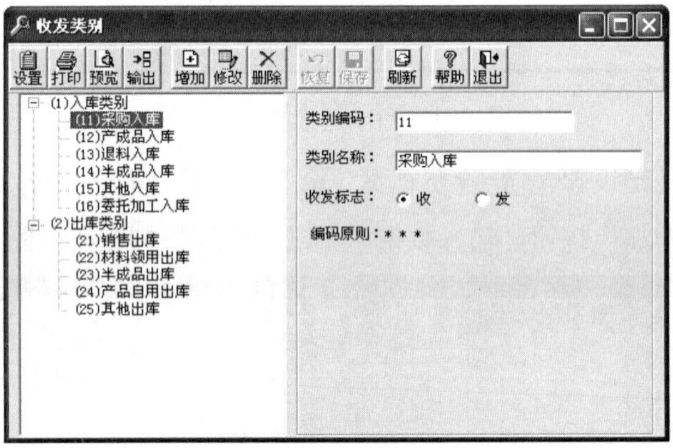

图 7-4　收发类别

(10) 单击“基础设置/购销存/采购类型”命令，打开“采购类型”对话框。

(11) 单击“增加”按钮，输入数据，单击“保存”按钮，如图 7-5 所示。

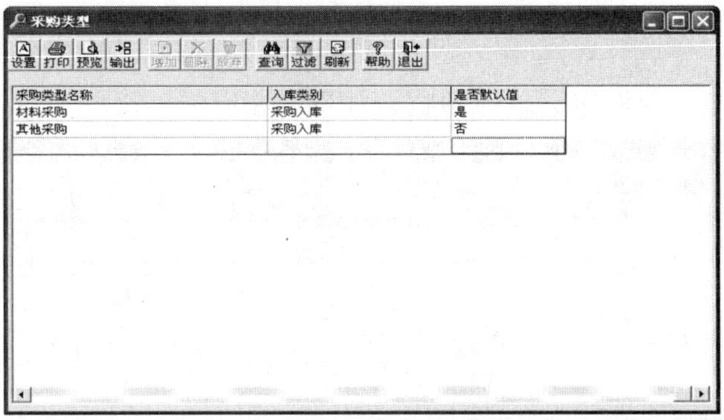

图 7-5 采购类型

（12）单击“基础设置/购销存/销售类型”命令，打开“销售类型”对话框。

（13）单击“增加”按钮，输入数据，单击“保存”按钮，如图 7-6 所示。

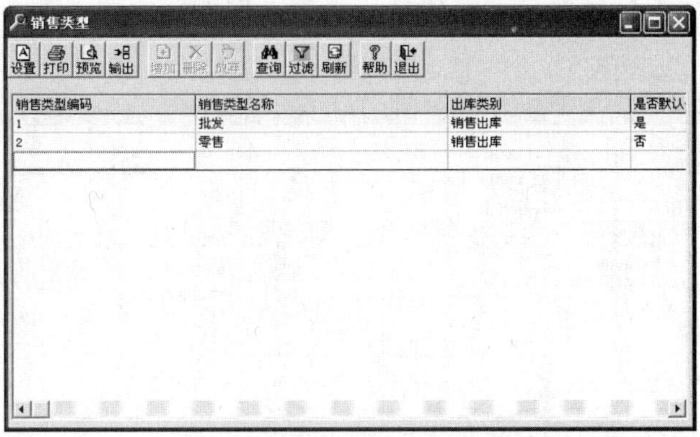

图 7-6 销售类型

二、基础科目处理

（1）单击“核算/科目设置/存货科目”命令，打开“存货科目”对话框。

（2）单击“增加”按钮，输入数据，单击“保存”按钮，如图 7-7 所示。

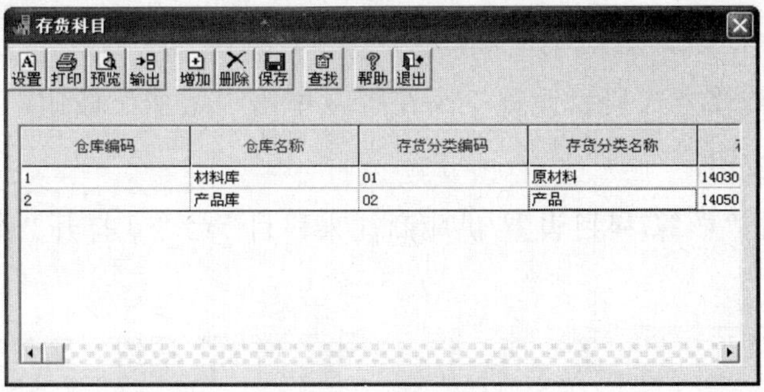

图 7-7 存货科目

（3）单击“核算/科目设置/存货对方科目”命令，打开“存货对方科目”对话框。

（4）单击“增加”按钮，输入数据，如图 7-8 所示。

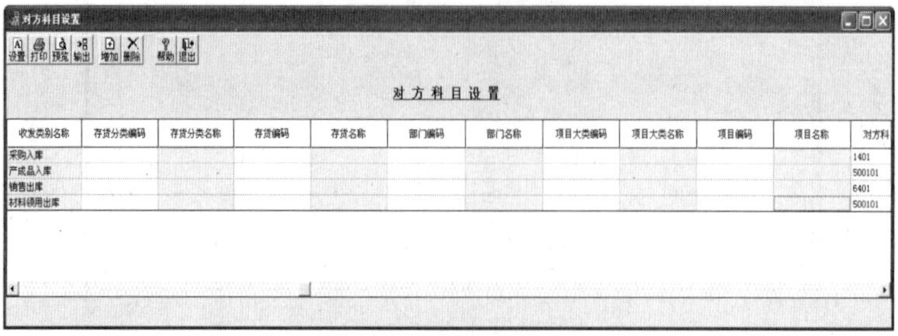

图 7-8　存货对方科目

（5）单击“核算/科目设置/客户往来科目”命令，打开“客户往来科目”对话框。

（6）选中“基本科目设置”所在行，单击“增加”按钮，输入数据，如图 7-9 所示。

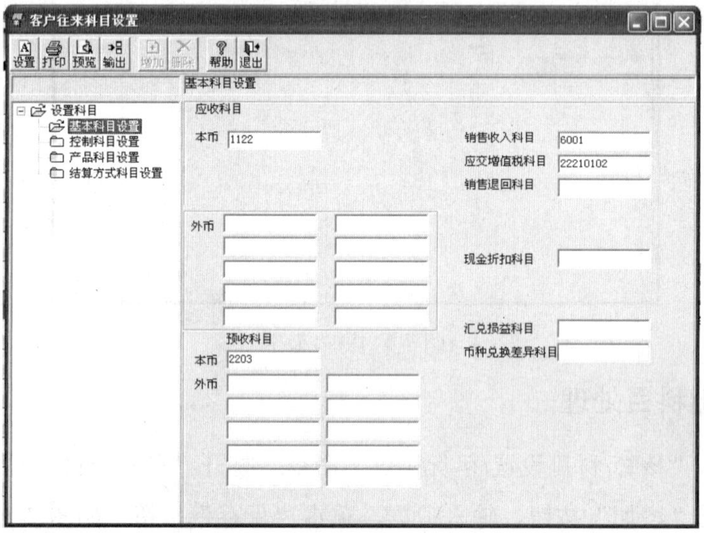

图 7-9　客户往来科目

（7）选中“结算方式科目设置”所在行，单击“增加”按钮，输入数据，完成后单击“退出”按钮。

（8）同理单击“核算/科目设置/供应商往来科目”命令，打开“供应商往来科目”对话框。

（9）选中“基本科目设置”所在行，单击“增加”按钮，输入数据。

（10）选中“结算方式科目设置”所在行，单击“增加”按钮，输入数据，完成后单击“退出”按钮。

三、期初数据处理

（1）单击“采购/采购入库单”命令，打开“期初采购入库单”对话框。

（2）单击“增加”按钮，输入数据，如图 7-10 所示。

图 7-10　期初采购入库单

（3）单击“采购/采购发票”命令，打开“采购发票”对话框。

（4）单击“增加/专用发票”按钮，输入数据，如图 7-11 所示。

图 7-11　采购发票

（5）单击“采购/期初记账”命令，打开“期初记账”对话框，如图 7-12 所示。

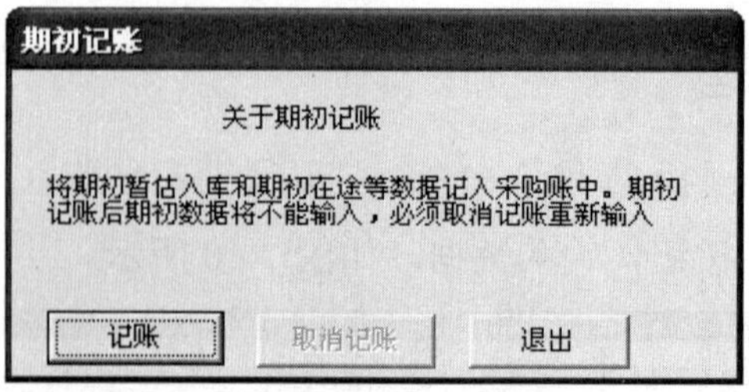

图 7-12　期初记账

（6）单击“记账”按钮，如图 7-13 所示。

图 7-13　记账

（7）单击“确定”按钮。

（8）单击“库存/期初数据/库存期初”命令，打开“库存期初”对话框。

（9）单击“增加”按钮，输入数据，单击“保存”按钮，如图 7-14 所示。

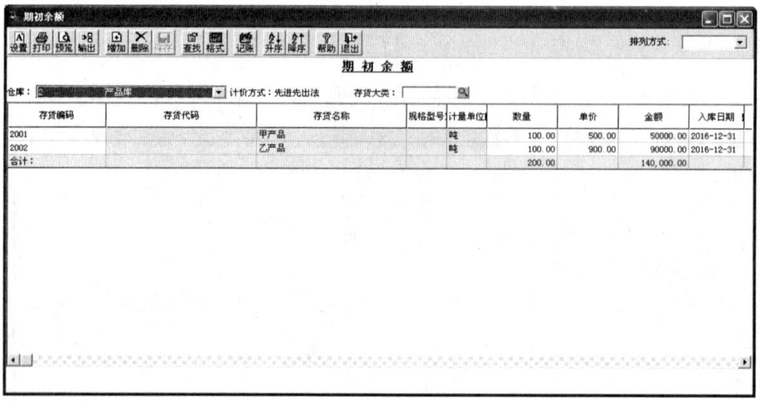

图 7-14　库存期初

（10）单击“记账”按钮，完成期初库存记账，单击“退出”按钮。

（11）单击“销售/客户往来/客户往来期初”命令，打开“期初余额——查询”对话框，单击“确认”按钮，进入“期初余额明细表”窗口。

（12）单击“增加”按钮，打开“单据类别”对话框，单据类别选择“普通发票”，单击“确认”按钮，进入“销售普通发票”窗口，输入数据，单击“保存”按钮，如图 7-15 所示。

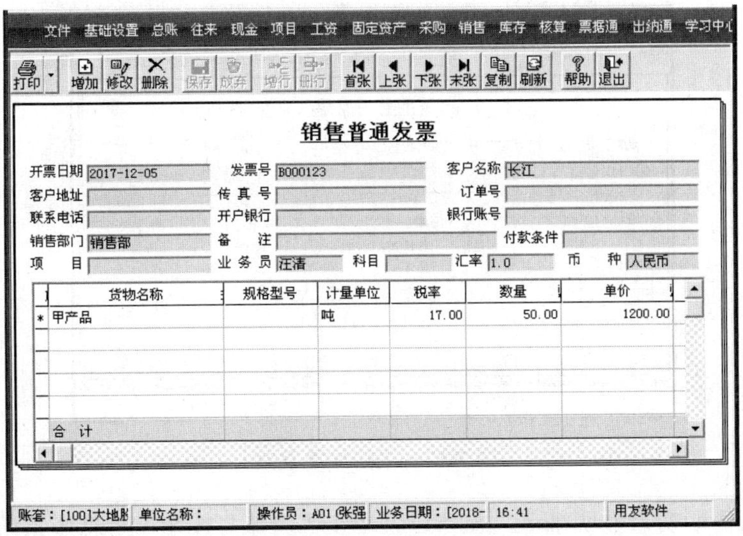

图 7-15　销售普通发票

（13）在“期初余额明细表”窗口中，单击“对账”按钮，与总账系统进行对账，如图 7-16 所示。

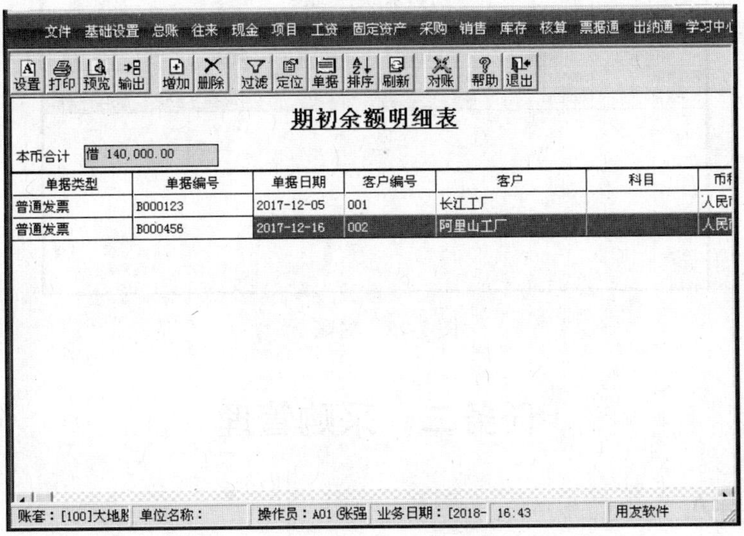

图 7-16　对账 1

（14）单击“采购/供应商往来/供应商往来期初”命令，打开“期初余额——查询”对话框，单击“确认”按钮，进入“期初余额明细表”窗口。

（15）单击“增加”按钮，打开“单据类别”对话框，单据类别选择“普通发票”，单击“确认”按钮，进入“采购普通发票”窗口，输入数据，单击“保存”按钮，如图 7-17 所示。

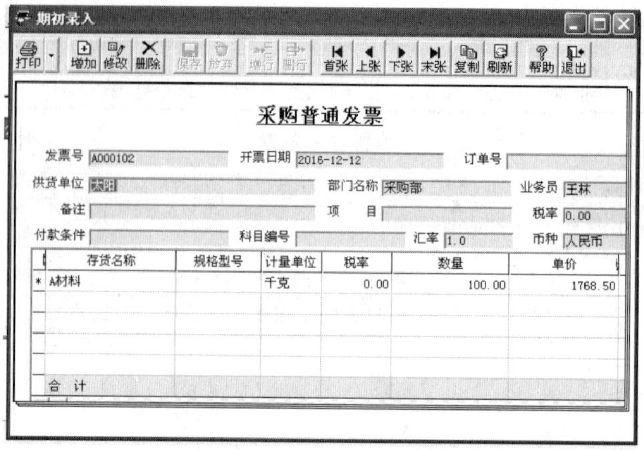

图 7-17　采购普通发票

（16）在“期初余额明细表”窗口中，单击“对账”按钮，与总账系统进行对账，如图 7-18 所示。

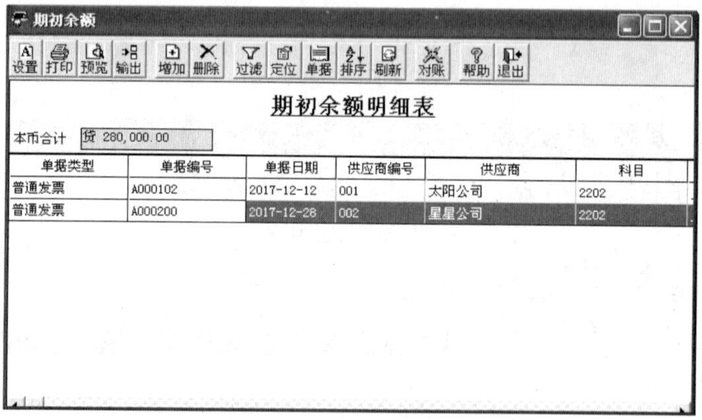

图 7-18　对账 2

任务二　采购管理

任务导入

企业要进行产品的生产首先要进行材料的采购。

任务要求

根据相关会计资料，张会计在畅捷通 T3 财务软件中进行采购管理工作。

知识准备

一、采购订单管理

采购订单处理时，先填制采购订单：当与供货单位签订采购意向协议时，可以将采购协议以定单的形式输入计算机，报采购主管审批；然后经过审核后，才能在开采购入库单或采购发票时使用。

二、采购业务的处理

采购业务包括采购入库业务、采购退货业务等。按货物和发票到达的先后顺序不同，将采购入库业务又划分为单货同到、货到单未到（暂估入库）、单到货未到（在途存货）3 种类型，不同的业务类型相应的处理方法不同。

任务描述

请以采购员“王林”（编号：A04；口令：4；日期：2018 年 1 月 1 日）身份为大地股份有限公司进行采购业务处理。

（1）1 月 2 日，采购部王林向太阳公司订购 A 材料一批，数量为 50 千克，单价为 1 000 元，预计到货日期为本月 6 日。

（2）① 1 月 6 日，采购部王林收到太阳公司 A 材料，数量为 50 千克，材料已验收入材料库。

② 同时收到专用发票一张，单价 1 000 元，增值税税率为 17%，价税合计 58 500 元，发票号“F001”。

③ 1 月 7 日，企业开出转账支票一张（支票号：ZP001）支付上述款项。

任务处理

一、采购订单处理

1. 录入采购订单

（1）双击打开桌面“畅捷通 T3 应用软件”，用户名填入“A04”，密码填入“4”，选择“[100]大地股份有限公司”账套和“2018”年度，选择日期“2018-01-01”，单击“确定”按钮，进入“畅捷通 T3 应用软件”界面。

（2）单击“采购/采购订单”命令，打开“采购订单”窗口，如图 7-19 所示。

图 7-19　采购订单 1

（3）单击“增加”按钮，输入数据，单击“保存”按钮，如图 7-20 所示。

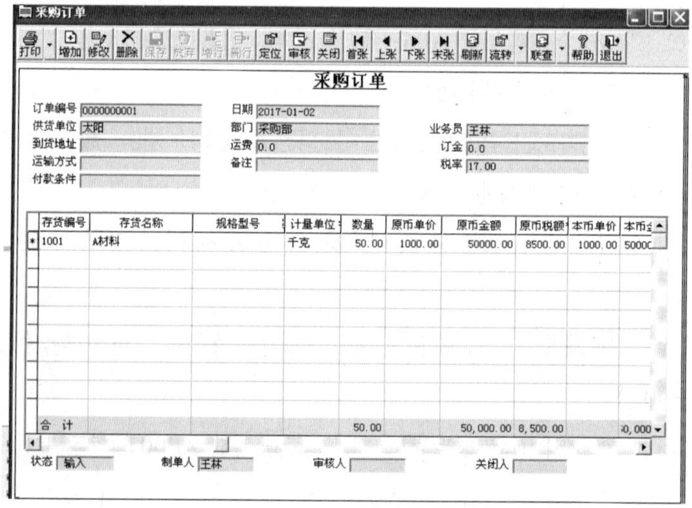

图 7-20　采购订单 2

2. 采购订单审核

（1）单击“审核”按钮，对订单进行审核，如图 7-21 所示。

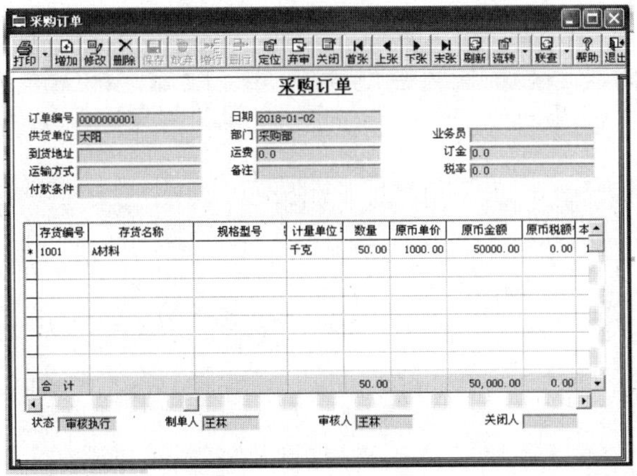

图 7-21　采购订单审核

（2）单击“退出”按钮，退出“采购订单”窗口。

注意事项

在填制采购订单时，单击鼠标右键可查看存货现存量；系统自动生成“订单编号”，可以手工修改，订单编号不能重复；如果企业要按部门或业务员进行考核，必须输入相关“部门”和“业务员”信息；如果要修改订单，必须先取消审核，然后才能修改。

二、采购入库处理

1. 录入采购入库单

（1）单击“采购/采购入库单”命令，打开“采购入库单”窗口，如图 7-22 所示。

图 7-22　采购入库单 1

（2）单击“增加”按钮，输入数据，单击“保存”按钮，如图 7-23 所示。

图 7-23　采购入库单 2

（3）单击“退出”按钮，退出“采购入库单”窗口。

2．在库存模块中审核采购入库单

（1）单击“库存/采购入库单审核”命令，进入“采购入库单”窗口，如图 7-24 所示。

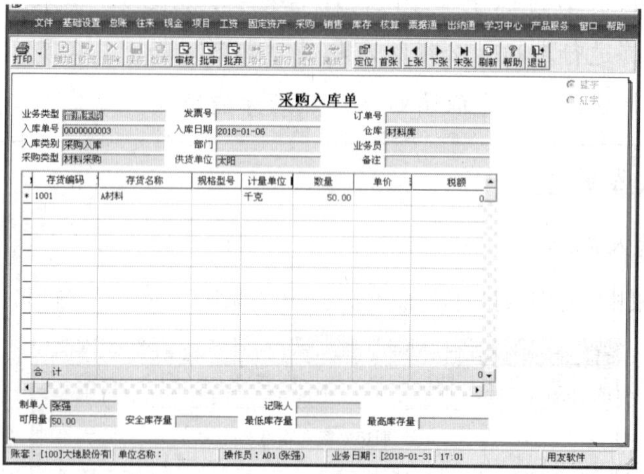

图 7-24　采购入库单 3

（2）单击“审核”按钮，对采购入库单进行审核，单击“退出”按钮，退出“采购入库单”窗口。

3．在核算模块中对入库单记账

（1）单击“核算/核算/正常单据记账”命令，进入“正常单据记账条件”对话框，如图 7-25 所示。

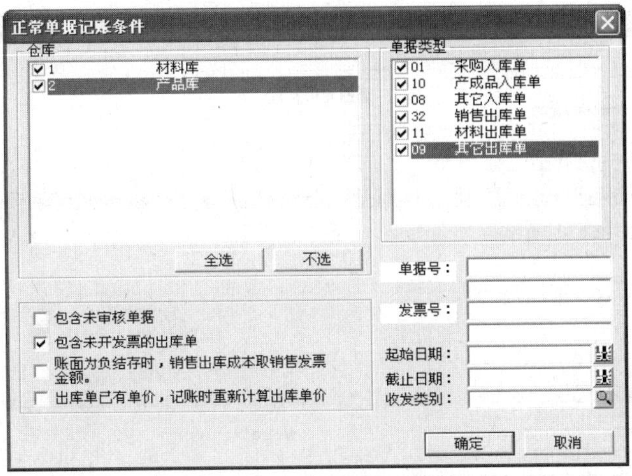

图 7-25　正常单据记账条件

（2）单击“确认”按钮，进入“正常单据记账”窗口。

（3）在要记账的单据的选择栏单击。

（4）单击“记账”按钮，退出。

4. 在核算模块中对已记账入库单生成凭证

（1）单击“核算/凭证/购销单据制单”命令，进入“生成凭证”窗口。

（2）单击工具栏上的“选择”按钮，打开“查询条件”对话框。

（3）选择“采购入库单（暂估记账）”。

（4）单击“确认”按钮，进入“未生成凭证一览表”窗口。

（5）双击选择要制单的记录行，单击“确定”按钮，进入“生成凭证”窗口。

（6）选择凭证类别为“记账凭证”，输入对方科目“140101”。

（7）单击“生成”按钮，进入“填制凭证”窗口。

（8）修改凭证日期为“2018/01/06”，单击“保存”按钮，凭证左上角出现“已生成”标志，表示凭证已传递到总账。

三、采购发票处理

1. 在采购模块中填制采购发票

（1）单击“采购/采购发票”命令，进入“采购发票”窗口，如图 7-26 所示。

（2）单击“增加”按钮，输入数据，单击“保存”按钮。

（3）单击“退出”按钮，退出“采购发票”窗口。

图 7-26　采购发票

注意事项

输完的采购发票需要与入库单进行采购结算。

2. 在采购模块中对采购发票进行复核并结算

（1）在采购发票填制窗口，单击“复核”按钮。

（2）单击“是”按钮。

（3）单击“结算”按钮，进行采购结算。

（4）单击“确认”按钮，进行采购结算。

（5）单击“退出”按钮。

注意事项

采购结算也可通过执行命令“采购→采购结算”完成，有手工结算和自动结算两种方式。由于某种原因需要修改或删除入库单、采购发票时，需要先取消采购结算。

3. 在核算模块中对采购发票生成应付凭证

（1）单击“核算/凭证/供应商往来制单”命令，打开“供应商制单查询”对话框。

（2）选择“发票制单”。

（3）单击“确认”按钮，进入“单据处理”窗口。

（4）单击选择需要审核的单据。

（5）选择“记账凭证”。

（6）单击“制单”按钮，进入“填制凭证”窗口。

（7）单击“保存”按钮，凭证左上角出现“已生成”标志，表示凭证已传递到总账。

（8）单击“退出”按钮。

4. 付款单处理

在采购模块中填制付款单并核销。

（1）单击“采购/供应商往来/付款结算”命令，打开“付款单”对话框，如图 7-27 所示。

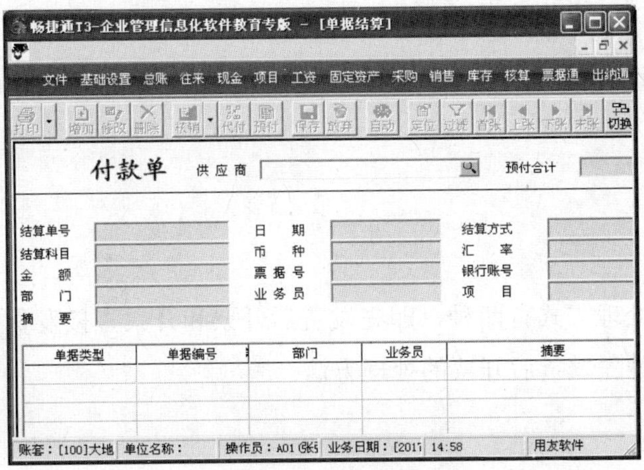

图 7-27　付款单

（2）单击“增加”按钮，输入数据，单击“保存”按钮。

（3）单击“核销”按钮，输入本次结算金额“58 500”。

（4）单击“保存”按钮。

（5）单击“退出”按钮。

在核算模块中对付款单生成付款凭证。

（1）单击“核算/凭证/供应商往来制单”命令，打开“供应商制单查询”对话框。

（2）选择“核销制单”，单击“确认”按钮，进入“单据处理”窗口。

（3）双击选择需要审核的单据。

（4）选择“记账凭证”。

（5）单击“制单”按钮，进入“填制凭证”窗口。

（6）单击“保存”按钮，凭证左上角出现“已生成”标志，表示凭证已传递到总账。

（7）单击“退出”按钮。

任务三　销售管理

任务导入

企业生产的产品必须通过销售才能得到收益。

任务要求

根据相关会计资料，张会计在畅捷通 T3 财务软件中进行销售管理工作。

知识准备

销售业务的处理方式有两种，即先发货后开票和开票直接发货业务。在实际工作中普遍采用的是先发货后开票的处理方法。

任务描述

请以销售员“汪清”（编号：A05；口令：5；日期：2018 年 1 月 1 日）身份为大地股份有限公司进行销售业务处理。

（1）1 月 8 日，销售部汪清收到长江工厂订单一张，订购甲产品 100 吨，无税单价 1 200 元。预计本月 12 日发货。

（2）① 1 月 12 日，销售部汪清向长江工厂发出甲产品 100 吨，无税单价 1 200 元，增值税税率为 17%，价税合计为 140 400 元。

② 同时开出销售普通发票一张。

③ 1 月 14 日，收到长江工厂开出的转账支票一张，票号为 ZP002，做收款处理。

任务处理

一、采购订单处理

1. 录入销售订单

（1）双击打开桌面“畅捷通 T3 应用软件”，用户名填入“A05”，密码填入“5”，选择“[100]大地股份有限公司”账套和“2018”年度，选择日期“2018-01-01”，单击“确定”按钮，进入“畅捷通 T3 应用软件”界面。

（2）单击“销售/销售订单”命令，打开“销售订单”窗口。

（3）单击“增加”按钮，输入数据，单击“保存”按钮。

2. 销售订单审核

（1）单击“审核”按钮，对订单进行审核。

（2）单击“退出”按钮，退出“销售订单”窗口。

注意事项

已保存的销售订单可以修改、删除，但不允许修改他人填制的销售订单；系统自动生成“订单编号”，可以手工修改，订单编号不能重复；如果企业要按“业务员”进行销售业绩考核，必须输入业务员信息。

二、销售发货单处理

1. 在销售管理模块填制并审核销售发货单

（1）单击“销售/销售发货单”命令，打开“销售发货单”窗口。

（2）单击“增加”按钮，输入数据，单击“保存”按钮。

（3）单击“审核”按钮，保存并审核发货单，退出。

2. 在库存模块中审核销售出库单

（1）单击“库存/销售出库单生成”命令，进入“销售出库单”窗口。

（2）单击“生成”按钮。

（3）选择参照单据“发货单”。选择“显示表体”。

（4）选择下面具体的发货单。

（5）单击“确认”按钮。

（6）单击“审核”按钮，保存并审核发货单，退出“销售出库单”窗口。

3. 在核算模块中对销售出库单记账

（1）单击“核算/核算/正常单据记账”命令，进入“正常单据记账条件”对话框。

（2）单击“确认”按钮，进入“正常单据记账”窗口。

（3）单击需要记账的单据前的“选择”栏，出现“√”标记，或单击工具栏的“全选”按钮，选择所有单据。

（4）单击“记账”按钮。

（5）单击“退出”按钮。

4. 在核算模块中对已记账销售出库单生成凭证

（1）单击“核算/凭证/购销单据制单”命令，进入“生成凭证”窗口。

（2）单击工具栏上的“选择”按钮，打开“查询条件”对话框。

（3）选择“销售出库单”，单击“确认”按钮，进入“选择单据”窗口。

（4）单击需要生成凭证的单据前的“选择”栏或单击工具栏中的“全选”按钮，然后单击工具栏中的“确定”按钮，进入“生成凭证”窗口。

（5）选择凭证类别为“记账凭证”，单击“生成”按钮，系统显示生成的转账凭证。

（6）凭证确认无误后，单击工具栏中的“保存”按钮，凭证左上角显示“已生成”红字标记，表示已将凭证传递到总账系统。

（7）单击“退出”按钮。

三、销售发票处理

1. 在销售管理模块根据发货单填制并复核销售发票

（1）单击“销售/销售发票”命令，进入“销售发票”窗口。

（2）单击“增加”按钮右侧下三角，选择“专用发票”，输入数据，单击“保存”按钮。

（3）单击“退出”按钮，退出“销售专用发票”窗口。

2. 在销售模块中对销售发票进行复核并结算

（1）在销售发票填制窗口，单击“复核”按钮。

（2）单击“是”按钮。

（3）单击“结算”按钮，进行采购结算。

（4）单击“确认”按钮，进行采购结算。

3. 在核算模块中，根据销售专用发票生成销售收入凭证

（1）单击“核算/凭证/客户往来制单”命令，打开“客户制单查询”对话框。

（2）选择“发票制单”。

（3）单击“确认”按钮，进入“销售发票制单”窗口。

（4）双击选择需要审核的单据。

（5）选择“记账凭证”。

（6）单击“制单”按钮，进入“填制凭证”窗口。

（7）单击“保存”按钮，凭证左上角出现“已生成”标志，表示凭证已传递到总账。

4. 收款单处理

在销售模块填制收款单并与销售发票核销。

（1）单击“销售/客户往来/收款结算”命令，打开“收款单”对话框。

（2）单击“增加”按钮，输入数据，单击“保存”按钮。

（3）单击“核销”按钮，输入本次结算金额“140 400”。

（4）单击“保存”按钮。

在核算模块中，根据核销的收款单生成收款凭证。

（1）单击“核算/凭证/客户往来制单”命令，打开“客户制单查询”对话框。

（2）选择“核销制单”，单击“确认”按钮，进入“核销制单”窗口。

（3）双击选择需要审核的单据。

（4）选择“记账凭证”。

（5）单击工具栏中的“全选”按钮，选择窗口中的所有单据。

（6）单击“保存”按钮，凭证左上角出现“已生成”标志，表示凭证已传递到总账。

任务四　库存管理

任务导入

企业生产完成的产品要进行管理核算。

任务要求

根据相关会计资料，张会计在畅捷通 T3 财务软件中进行库存管理工作。

知识准备

库存业务的处理包括入库业务、出库业务、调拨业务及盘点业务。

任务描述

请以库存员“孙玲”（编号：A06；口令：6；日期：2018 年 1 月 1 日）身份为大地股份有限公司进行库存业务处理。

（1）1 月 15 日，生产一部从材料库领用 A 材料 50 千克，用于生产甲产品。

（2）1 月 20 日，收到生产一部送来的甲产品 50 吨，验收入产品库。

任务处理

一、材料领用业务

1. 在库存模块中填制材料出库单

（1）双击打开桌面“畅捷通 T3 应用软件”，用户名填入“A06”，密码填入“6”，选择“[100]大地股份有限公司”账套和“2018”年度，选择日期“2018-01-01”，单击“确定”按钮，进入“畅捷通 T3 应用软件”界面。

（2）单击“库存/材料出库单”命令，打开“材料出库单”窗口。

（3）单击“增加”按钮，输入数据，单击“保存”按钮。

（4）单击“审核”按钮。

（5）单击“退出”按钮。

2. 在核算系统中对材料出库单记账并生成凭证

（1）单击“核算/核算/正常单据记账”命令，进入“正常单据记账条件”窗口。

（2）单击“确认”按钮，进入“正常单据记账”窗口。

（3）在要记账的单据的选择栏单击。

（4）单击“记账”按钮，退出。

（5）单击“核算/凭证/购销单据制单”命令，单击工具栏上的“选择”按钮，打开“查询条件”对话框。

（6）选择“材料出库单”，单击“确认”按钮，进入“未生成凭证一览表”窗口。

（7）单击选择要制单的记录行，单击“确定”按钮，进入“生成凭证”窗口。

（8）选择凭证类别为“记账凭证”，输入对方科目“500101”。

（9）单击“生成”按钮，进入“填制凭证”窗口。

（10）修改凭证日期为“2018/01/15”，单击“保存”按钮，凭证左上角出现“已生成”标志，表示凭证已传递到总账。

（11）单击“退出”按钮。

二、产成品入库业务

1. 在库存模块中录入产成品入库单并审核

（1）单击“库存/产成品入库单”命令，进入“产成品入库单”窗口。

（2）单击“增加”按钮，输入数据，单击“保存”按钮。

（3）单击“审核”按钮，完成对该单据的审核。

2. 在核算模块中录入生产总成本并进行产成品成本分配

（1）单击“核算/核算/产成品成本分配”命令，进入“产成品成本分配表”窗口。

（2）单击“查询”按钮，打开“产成品成本分配表查询”对话框。

（3）选择“产品库”。

（4）单击“确认”按钮，系统将符合条件的记录带回“产成品成本分配表”。

（5）输入“甲产品”金额。

（6）单击“分配”按钮，系统弹出提示“分配操作顺利完成！”。

（7）单击“确定”按钮返回。

注意事项

产成品入库单上不需要填写单价，待产成品成本分配后会自动写入。

3. 在核算系统中对产成品入库单进行记账并生成凭证

（1）单击“核算/核算/正常单据记账”命令，对产成品入库单进行记账处理。

（2）单击“核算/凭证/购销单据制单”命令，选择“产成品入库单”生成凭证。

任务实施

练一练

根据下列资料建立企业账套及账务处理。

一、系统初始化

（一）系统管理

1. 企业账套信息

海达科技有限公司（简称“海达科技”）位于北京市海淀区中关村大街 128 号，法人代表汪涵，联系电话及传真均为 62786622，企业纳税登记号 110108473287215。

该企业属于工业企业，从事软硬件及相关产品生产及销售，采用新会计制度科目核算体系，记账本位币为人民币，于 2018 年 1 月采用计算机系统进行会计核算及企业日常业务处理。

企业只有几个主要供应商，但客户很多，最好进行分类管理，有外币业务。

编码规则：科目编码级次 4222；客户分类编码级次 122；部门编码级次 122；结算方式编码级次 12。核算时数量精确到两位小数；单价设置 5 位小数。

启用全部模块。

2. 企业内部岗位分工

企业内部岗位分工情况如表 7-12 所示。

表 7-12　企业内部岗位分工情况

编　号	姓　名	权　限
01	郑通	账套主管
02	贺敏	总账、工资、固定资产管理和财务报表
03	孙娟	总账、现金管理
04	魏大鹏	公用目录设置、应收、应付、采购、销售、库存、存货

（二）基础档案

1. 部门信息如表 7-13 所示

表 7-13　部门信息

部门编码	部门名称	负责人
1	企管办	汪涵
2	财务部	郑通
3	采购部	魏大鹏
4	销售部	
401	销售一部	田晓宾
402	销售二部	孟倩
5	生产部	

2. 职员信息如表 7-14 所示

表 7-14　职员信息

职员编号	职员姓名	所属部门	职员属性
101	汪涵	企管办	总经理
201	郑通	财务部	部门经理
202	贺敏	财务部	会计
203	汪扬	财务部	会计
204	孙娟	财务部	出纳
301	魏大鹏	采购部	部门经理
401	田晓宾	销售一部	部门经理
402	孟倩	销售二部	部门经理
501	潘小小	生产部	仓库主管

3. 地区分类如表 7-15 所示

表 7-15　地区分类

地区分类编码	地区分类名称	地区分类编码	地区分类名称
01	北方区	03	中南区
02	华东区	04	西部区

4. 客户分类如表 7-16 所示

表 7-16 客户分类

客户分类编码	客户分类名称
1	批发商
2	代理商
3	零散客户

5. 客户档案如表 7-17 所示

表 7-17 客户档案

客户编号	客户名称	客户简称	所属分类码	所属地区码	税号	开户银行	账号	分管部门	业务员
001	北方管理软件学院	管理软件学院	1	01	3494298391025484	工行北京分行	11015892349	销售一部	田晓宾
002	创远系统集成公司	创远	3	02	3494298391011412	工行上海分行	22100032341	销售二部	孟倩
003	天津图书城	天津图书城	2	01	1203243242342113	工行天津分行	10210499852	销售二部	孟倩

6. 供应商分类

本企业只有几个主要供应商，长期稳定，不需要进行分类管理。

7. 供应商档案如表 7-18 所示

表 7-18 供应商档案

供应商编号	供应商名称	供应商简称	所属分类码	所属地区码	税号	开户银行	账号	分管部门	业务员
001	大众印刷厂	大众	00	01	110108534875344	工行北京分行	10543982199	采购部	魏大鹏
002	联诚软件	联诚	00	01	110843543722553	工行北京分行	43828943234	采购部	魏大鹏

8. 外币设置

本企业采用固定汇率核算外币，外币只涉及美元一种，美元币符假定为 USD，2018 年 1 月初汇率为 6.65。

9. 会计科目

本企业常用会计科目及期初余额如表 7-19 所示。

表 7-19 会计科目及期初余额

科目编号及名称	辅助核算	方向	币别/计量	期初余额（元）
库存现金（1001）	日记账	借		5 845
银行存款（1002）	银行账、日记账	借		211 057
人民币户（100201）	银行账、日记账	借		211 057
美元户(100202)	银行账、日记账	借	美元	
应收票据（1111）	客户往来	借		
应收账款（1131）	客户往来	借		157 600
其他应收款（1133）		借		3 800
备用金（113301）	部门核算	借		
应收个人款（113302）	个人往来	借		3 800
预付账款（1151）	供应商往来	借		
物资采购（1201）		借		-80 000
原材料（1211）		借		11 300
光盘（121101）	数量核算	借		4 400
			张	2 200
复印纸（121102）	数量核算	借		6 900
			包	460
库存商品（1243）		借		27 078
杀毒软件（124301）	数量核算	借		10 650
			套	71
百问 ERP 多媒体课件（124302）	数量核算	借		7 840
			套	98
工商管理案例集（124303）	数量核算	借		8 588
			册	226
固定资产（1501）		借		260 860
累计折旧（1502）		贷		47 120
短期借款（2101）		贷		100 000
应付票据	供应商往来	贷		
应付账款（2121）	供应商往来	贷		276 850
预收账款（2131）	客户往来	贷		
应付职工薪酬（2151）		贷		
应交税费（2171）		贷		-16 800

续表

科目编号及名称	辅助核算	方向	币别 / 计量	期初余额（元）
应交增值税（217101）		贷		-16 800
进项税额（21710101）		贷		-33 800
销项税额（21710105）		贷		17 000
实收资本（3101）		贷		
本年利润（3131）		贷		
利润分配（3141）		贷		-110 022
未分配利润（314115）		贷		-110 022
生产成本（4101）	项目核算	借		17 165
直接材料（410101）	项目核算	借		10 000
直接人工（410102）	项目核算	借		4 000
制造费用（410103）	项目核算	借		2 000
其他（410104）	项目核算	借		1 165
生产成本转出 (410105)	项目核算	借		
制造费用（4105）	项目核算	借		
工资（410501）	项目核算	借		
折旧费（410502）	项目核算	借		
其他（410503）	项目核算	借		
主营业务收入（5101）		贷		
杀毒软件（510101）	数量核算	贷		
百问 ERP 多媒体课件（510102）	数量核算	贷		
工商管理案例集（510103）	数量核算	贷		
其他业务收入（5102）		贷		
主营业务成本（5401）		借		
杀毒软件（540101）	数量核算	借		
百问 ERP 多媒体课件（540102）	数量核算	借		
工商管理案例集（540103）	数量核算	借		
其他业务支出（5405）		借		
销售费用（5501）		借		
工资（550101）		借		
办公费（550102）		借		
差旅费（550103）		借		
招待费（550104）		借		
折旧费（550105）		借		
管理费用（5502）		借		

续表

科目编号及名称	辅助核算	方　向	币别 / 计量	期初余额（元）
工资（550201）	部门核算	借		
办公费（550202）	部门核算	借		
差旅费（550203）	部门核算	借		
招待费（550204）	部门核算	借		
折旧费（550205）	部门核算	借		
其他（550206）	部门核算	借		
财务费用（5503）		借		

利用增加、修改、成批复制等功能完成对会计科目的编辑，最后指定会计科目。

10. 凭证类别如表 7-20 所示

表 7-20　凭证类别

凭证分类	限制类型	限制科目
收款凭证	借方必有	1001,100201,100202
付款凭证	贷方必有	1001,100201,100202
转账凭证	凭证必无	1001,100201,100202

11. 项目目录如表 7-21 所示

表 7-21　项目目录

<table>
<tr><td rowspan="3">项目大类
项目分类
项目
核算科目</td><td colspan="3">项目大类：产品</td><td>项目大类：工程</td></tr>
<tr><td colspan="2">教学课件开发</td><td>工具软件开发</td><td>软件园建设</td></tr>
<tr><td>ERP 模拟体验光盘</td><td>ERP 普及教程</td><td></td><td></td></tr>
<tr><td>4101 生产成本</td><td colspan="3">是</td><td></td></tr>
<tr><td>410101 直接材料</td><td colspan="3">是</td><td></td></tr>
<tr><td>410102 直接人工</td><td colspan="3">是</td><td></td></tr>
<tr><td>410103 制造费用</td><td colspan="3">是</td><td></td></tr>
<tr><td>410104 生产成本转出</td><td colspan="3">是</td><td></td></tr>
<tr><td>4105 制造费用</td><td colspan="3">是</td><td></td></tr>
<tr><td>410501 工资</td><td colspan="3">是</td><td></td></tr>
<tr><td>410502 折旧费</td><td colspan="3">是</td><td></td></tr>
<tr><td>410503 其他</td><td colspan="3">是</td><td></td></tr>
</table>

12. 结算方式如表 7-22 所示

表 7-22　结算方式

结算方式编码	结算方式名称	票据管理
1	现金结算	否
2	支票结算	否
201	现金支票	是
202	转账支票	是
3	银行汇票	否
4	商业汇票	否
401	商业承兑汇票	否
402	银行承兑汇票	否
9	其他	否

13. 付款条件如表 7-23 所示

表 7-23　付款条件

编码	信用天数	优惠天数 1	优惠率 1(%)	优惠天数 2	优惠率 2(%)	优惠天数 3	优惠率 3(%)
01	30	5	2				
02	60	5	4	15	2	30	1
03	90	5	4	20	2	45	1

14. 开户银行

编码：01；名称：工商银行北京分行中关村分理处；账号：8316587962。

（三）总账初始化

1. 总账控制参数如表 7-24 所示

表 7-24　总账控制参数

选项卡	控制对象	参数设置
凭证	制单控制	可以使用其他系统受控科目
	凭证控制	出纳凭证必须经由出纳签字

2. 辅助账期初明细如表 7-25、表 7-26、表 7-27、表 7-28 所示

表 7-25　113302 其他应收款——应收个人款期初

日期	凭证号	部门	个人	摘要	方向	期初余额（元）
2017-12-26	付-118	企管办	汪涵	出差借款	借	2 000
2017-12-27	付-156	销售一部	田晓宾	出差借款	借	1 800

表 7-26　1131 应收账款期初

日　期	凭证号	客　户	摘　要	方　向	金额（元）	业务员	票　号
2017-12-25	转-118	北方管理软件学院	销售商品	借	99 600	田晓宾	P111
2017-12-10	转-15	天津图书城	销售商品	借	58 000	孟倩	Z111

表 7-27　2121 应付账款期初

日　期	凭证号	供应商	摘　要	方　向	金额（元）	业务员	票　号
2017-12-20	转-45	联诚	购买原材料	贷	276 850	魏大鹏	C001

表 7-28　4101 生产成本期初

科目名称	ERP 模拟体验光盘（元）	ERP 普及教程（元）	合计（元）
直接材料（410101）	4 000	6 000	10 000
直接人工（410102）	1 500	2 500	4 000
制造费用（410103）	800	1 200	2 000
其他（410104）	500	665	1 165
合计	6 800	10 365	17 165

（四）工资初始化

1. 建立工资账套

工资类别个数：多个；核算币种：人民币 RMB；要求代扣个人所得税；不进行扣零处理，人员编码长度：3 位；启用日期：2018 年 1 月 1 日。

2. 基础信息设置

（1）人员类别设置。

管理人员、经营人员、车间管理人员、生产工人。

（2）人员附加信息设置。

增加“性别”、“身份证号”作为人员附加信息。

（3）工资项目设置如表 7-29 所示。

表 7-29　工资项目

项目名称	类　型	长　度	小数位数	增减项
基本工资	数字	8	2	增项
奖励工资	数字	8	2	增项
交补	数字	8	2	增项
应发合计	数字	10	2	增项
请假扣款	数字	8	2	减项

续表

项 目 名 称	类　型	长　度	小 数 位 数	增 减 项
养老保险金	数字	8	2	减项
扣款合计	数字	10	2	减项
实发合计	数字	10	2	增项
代扣税	数字	10	2	减项
请假天数	数字	8	2	其他

（4）工资类别及相关信息。

① 工资类别一：正式人员。

部门选择：所有部门。

工资项目：基本工资、奖励工资、交补、应发合计、请假扣款、养老保险金、扣款合计、实发合计、代扣税、请假天数。

计算公式如表 7-30 所示。

表 7-30　计算公式

工 资 项 目	定 义 公 式
请假扣款	请假天数×20
养老保险金	基本工资×0.05
交补	iff（人员类别=“管理人员” or 人员类别=“车间管理人员”，300，150）

人员档案如表 7-31 所示。

表 7-31　人员档案

人员编号	姓名	部门名称	人员类别	账号	中方人员	是否计税
101	汪涵	企管办	管理人员	20090010001	是	是
201	郑通	财务部	管理人员	20090010002	是	是
202	贺敏	财务部	管理人员	20090010003	是	是
203	汪扬	财务部	管理人员	20090010004	是	是
204	孙娟	财务部	管理人员	20090010005	是	是
301	魏大鹏	采购部	管理人员	20090010006	是	是
401	田晓宾	销售一部	经营人员	20090010007	是	是
402	孟倩	销售二部	经营人员	20090010008	是	是
501	潘小小	生产部	车间管理人员	20090010009	是	是
502	吴强	生产部	生产工人	20090010010	是	是

注：以上所有人员的代发银行均为工商银行中关村分理处。

② 工资类别二：临时人员。

部门选择：生产部。

工资项目：基本工资、请假扣款、请假天数。

人员档案如表 7-32 所示。

表 7-32　人员档案

人员编号	人员姓名	部门名称	人员类别	中方人员	是否计税
503	罗江	生产部	生产工人	是	是
504	刘青	生产部	生产工人	是	是

（5）银行名称。

工商银行中关村分理处；账号定长为 11。

（6）权限设置。

设置“贺敏”为两个工资类别的主管。

3. 固定工资数据

正式人员工资情况如表 7-33 所示。

表 7-33　正式人员工资情况

姓　名	基本工资（元）	奖励工资（元）
汪涵	5 000	500
郑通	3 000	300
贺敏	2 000	200
汪扬	2500	250
孙娟	2000	200
魏大鹏	3 000	300
田晓宾	4 500	450
孟倩	3 000	300
潘小小	2 500	250
吴强	1 500	150

临时人员工资情况如表 7-34 所示。

表 7-34　临时人员工资情况

姓　名	基本工资（元）
罗江	1 800
刘青	1 200

4. 代扣个人所得税

计税基数 3 500。

5. 工资分摊

工资分摊如表 7-35 所示（计提类型：应付工资；计提比例：100%；以“应发合计”为基础）。

表 7-35 工资费用分配

部门 \ 工资分摊		应付工资 借方	应付工资 贷方
企管办、财务部、采购部	管理人员	550201	2151
销售部	经营人员	550101	2151
生产部	车间管理人员	410501	2151
	生产工人	410102	2151

（五）固定资产初始化

1. 控制参数如表 7-36 所示

表 7-36 控制参数

控制参数	参数设置
约定与说明	我同意
启用月份	2018-01
折旧信息	本账套计提折旧； 折旧方法：平均年限法； 折旧汇总分配周期：1 个月； 当月初已计提月份=可使用月份-1，将剩余折旧全部提足
编码方式	资产类别编码方式：2 1 1 2； 固定资产编码方式：按“类别编码+部门编码+序号”自动编码； 卡片序号长度为 3
财务接口	与账务系统进行对账； 对账科目： 固定资产对账科目：1501 固定资产； 累计折旧对账科目：1502 累计折旧
补充参数	业务发生后立即制单； 月末结账前一定要完成制单登账业务； 固定资产默认入账科目：1501，累计折旧默认入账科目：1502

2. 资产类别如表 7-37 所示

表 7-37 资产类别

编码	类别名称	净残值率	单位	计提属性
01	交通运输设备	4%		正常计提
011	经营用设备	4%		正常计提
012	非经营用设备	4%		正常计提
02	电子设备及其他通信设备	4%		正常计提
021	经营用设备	4%	台	正常计提
022	非经营用设备	4%	台	正常计提

3. 部门及对应折旧科目如表 7-38 所示

表 7-38 部门及对应折旧科目

部门	对应折旧科目
企管办、财务部、采购部	管理费用/折旧费
销售部	营业费用/折旧费
生产部	制造费用/折旧费

4. 增减方式的对应入账科目如表 7-39 所示

表 7-39 增减方式的对应入账科目

增减方式目录	对应入账科目
增加方式	
直接购入	100201 工行存款
减少方式	
毁损	1701 固定资产清理

5. 原始卡片如表 7-40 所示

表 7-40 原始卡片

固定资产名称	类别编号	所在部门	增加方式	可使用年限	开始使用日期	原值（元）	累计折旧（元）	对应折旧科目名称
轿车	012	企管办	直接购入	6	2015-11-01	215 470	37 254	管理费用/折旧费
笔记本电脑	022	企管办	直接购入	5	2015-12-01	28 900	5 549	管理费用/折旧费
传真机	022	企管办	直接购入	5	2015-11-01	3 510	1 825	管理费用/折旧费

续表

固定资产名称	类别编号	所在部门	增加方式	可使用年限	开始使用日期	原值（元）	累计折旧（元）	对应折旧科目名称
微机	021	生产部	直接购入	5	2015-12-01	6 490	1 246	制造费用/折旧费
微机	021	生产部	直接购入	5	2015-12-01	6 490	1 246	制造费用/折旧费
合计						260860	47 120	

注：净残值率均为4%，使用状况均为“在用”，折旧方法均采用平均年限法（一）。

（六）购销存初始化

1. 基础信息

（1）存货分类如表7-41所示。

表7-41　存货分类

存货类别编码	存货类别名称
01	原材料
02	产成品
03	其他

（2）存货档案如表7-42所示。

表7-42　存货档案

存货编码	存货名称	计量单位	所属分类	税率（%）	存货属性	参考成本	参考售价	启用日期
1001	光盘	张	1	17	外购、生产耗用	2.00		2018-01-01
1002	复印纸	包	1	17	外购、生产耗用	15.00		2018-01-01
2001	杀毒软件	套	2	17	外购、销售	150.00		2018-01-01
2002	百问ERP多媒体课件	套	2	17	外购、销售	80.00		2018-01-01
2003	工商管理案例集	册	2	17	外购、销售	38.00		2018-01-01
2004	ERP模拟体验光盘	套	2	17	自制、销售	90.00		2018-01-01
2005	ERP普及教程	册	2	17	自制、销售	30.00		2018-01-01

（3）仓库档案如表7-43所示。

表7-43　仓库档案

仓库编码	仓库名称	所属部门	负责人	计价方式
1	材料库	采购部	魏大鹏	全月平均法

续表

仓 库 编 码	仓 库 名 称	所 属 部 门	负 责 人	计 价 方 式
2	产品一库	销售一部	田晓宾	全月平均法
3	产品二库	销售二部	孟倩	全月平均法

（4）收发类别如表 7-44 所示。

表 7-44　收发类别

收发类别编码	收发类别名称	收发标志	收发类别编码	收发类别名称	收发标志
1	入库分类	收	2	出库分类	发
11	采购入库	收	21	材料领用	发
12	产成品入库	收	22	销售出库	发

（5）采购类型如表 7-45 所示。

表 7-45　采购类型

采购类型编码	采购类型名称	入 库 类 别	是否默认值
1	材料采购	采购入库	是
2	库存商品采购	采购入库	否

（6）销售类型如表 7-46 所示。

表 7-46　销售类型

销售类型编码	销售类型名称	出 库 类 别	是否默认值
1	批发	销售出库	是
2	零售	销售出库	否

2. 基础科目

（1）存货科目如表 7-47 所示。

表 7-47　存货科目

仓 库 编 码	仓 库 名 称	存 货 科 目
1	材料库	光盘（121101）
2	产品一库	杀毒软件（124301）
3	产品二库	ERP 模拟体验光盘（124304）

（2）存货对方科目如表 7-48 所示。

表 7-48　存货对方科目

收发类别	对方科目
采购入库	物资采购（1201）
产成品入库	生产成本/直接材料（410101）
材料领用	生产成本/直接材料（410101）
销售出库	主营业务成本/杀毒软件（540101）

（3）客户往来科目。

基本科目设置：应收科目为 1131，预收科目为 2131，销售收入科目 510101，应交增值税科目 21710105。

结算方式科目设置：现金结算对应 1001，转账支票对应 100201，现金支票对应 100201。

（4）供应商往来科目。

基本科目设置：应付科目为 2121，预付科目为 1151，采购科目 1201，采购税金科目 21710101。

结算方式科目设置：现金结算对应 1001，转账支票对应 100201，现金支票对应 100201。

3. 期初数据

（1）采购模块期初数据。

12 月 24 日，采购部收到大众印刷厂提供的复印纸 100 包，暂估价为 15 元，商品已验收入材料库，至今尚未收到发票。

12 月 28 日，采购部收到联诚软件开具的专用发票一张，发票号为 A00116，商品为百问 ERP 多媒体课件，数量 150 套，每套售价 80 元，由于天气变化影响运输，该货物尚在运输途中。

（2）库存和存货系统期初数据。

12 月 31 日，对各个仓库进行了盘点，结果如表 7-49 所示。

表 7-49　库存和存货系统期初数据

仓库名称	存货编码	存货名称	数量（个）	单价（元）
材料库	1001	光盘	2 200	2.00
材料库	1002	复印纸	460	15.00
产品一库	2001	杀毒软件	71	150.00

续表

仓库名称	存货编码	存货名称	数量（个）	单价（元）
产品一库	2002	百问 ERP 多媒体课件	98	80.00
产品一库	2003	工商管理案例集	226	38.00
产品二库	2004	ERP 模拟体验光盘	2 000	90.00
产品二库	2005	ERP 普及教程	4 000	30.00

（3）客户往来期初数据如表 7-50 所示。（应收账款科目的期初余额为 157 600 元，以销售普通发票形式输入。）

表 7-50　客户往来期初数据

日　期	发票号	客　户	业务员	科　目	货物代码	数量（个）	单价（元）
2017-10-25	B000123	北方管理软件学院	田晓宾	1131	2004	498	200
2017-11-10	B000456	天津图书城	孟倩	1131	2005	1 450	40

（4）供应商往来期初数据如表 7-51 所示。（应付账款科目的期初余额为 276 850 元，以采购普通发票输入。）

表 7-51　供应商往来期初数据

日　期	发票号	供应商	业务员	科　目	货物代码	数量（个）	单价（元）
2017-10-25	A000200	联城	魏大鹏	2121	2001	1 582	175

二、日常业务

1 月份经济业务如下。

（1）1 日，销售一部田晓宾报销业务招待费 1 200 元，以现金支付。（附单据一张。）

（2）2 日，财务部孙娟从工行提取现金 10 000 元，作为备用金。（现金支票号 XJ001。）

（3）3 日，收到兴华集团投资资金 10 000 美元，汇率 1:8.65。（转账支票号 ZZW001。）

（4）5 日，销售一部田晓宾收到北方管理软件学院转来一张转账支票，金额 99 600 元，用以偿还前欠货款。（转账支票号 ZZR002。）

（5）6 日，企管办购办公用品 170 元，付现金。

（6）8 日，企管办汪涵出差归来，报销差旅费 2 000 元，交回现金 200 元。

（7）10 日，向联诚软件公司订货一批，商品为百问 ERP 多媒体课件，数量为

100 套，单价为 80 元，预计本月 13 日到货。

（8）13 日，向联诚软件公司所订商品到货，商品为百问 ERP 多媒体课件，数量为 100 套，单价为 80 元，将收到的货物验收入产品一库。当天收到该笔货物的专用发票一张，发票号 F001。财务部门根据采购发票开出转账支票（票号 C1）一张，付清采购货款。

（9）16 日，从联诚软件公司收到的杀毒软件又有 2 套不能安装，要求退回，单价为 80 元，同时收到票号为 F007 的红字专用发票一张。

（10）18 日，创远系统集成公司订购 ERP 模拟体验光盘 500 套，单价 200 元。

（11）20 日，销售二部从产品二库向创远系统集成公司发出其所订货物 ERP 模拟体验光盘 500 套，单价 200 元。当天开出该笔货物的专用发票一张，发票号 X001。

（12）22 日，财务部门收到转账支票（票号 Z001）一张，创远系统集成公司付清采购货款。

（13）23 日，销售一部出售给创远公司杀毒软件 10 套，单价为 200 元，从产品一库发出。

（14）25 日，销售一部出售给创远公司杀毒软件因质量问题，退回 2 套，单价为 200 元，收回产品一库。

（15）25 日，财务部开据相应的专用发票一张给创远公司，数量为 8 套。

（16）26 日，财务部购买扫描仪一台，价值 1 500 元，净残值率为 4%，预计使用年限 5 年。

（17）27 日，产品二库收到生产部生产的 ERP 模拟体验光盘 50 套，做产成品完工入库。随后收到财务部门提供的 ERP 模拟体验光盘 50 套的完工成本共计 3 000 元，立即做成本分配，记账生成凭证。

（18）28 日，生产部向材料库领用复印纸 100 包，用于印刷 ERP 普及教程。

（19）31 日，根据 1 月工资变动情况，生成工资费用分配凭证。

① 考勤情况：汪扬请假 2 天；魏大鹏请假 1 天。

② 因去年销售一部推广产品业绩较好，每人增加奖励工资 200 元。

（20）31 日，计提本月折旧费用。

（21）31 日，结转期间损益。

三、财务报表

编制 1 月份资产负债表、利润表。

项目八

认证考试实训

项目引领

“会计信息化操作员”认证是用友集团旗下专为中小企业提供信息化服务的控股子公司——畅捷通信息技术股份有限公司（以下简称“畅捷通”），与工业和信息化部联合推出的行业技能认证证书。

其价值体现在：

（1）“会计信息化操作员” 证书的认证主管机构是工业和信息化部。

（2）“会计信息化操作员” 认证项目体系是根据《国家中长期人才发展规划纲要（2010—2020 年）》文件精神建立的（重在培养人才的科学精神、创造性思维和创新能力）。旨在结合相关行业系统的实际情况，培养切实符合行业、企业需求的创新型人才，为行业系统培训应用型、管理型信息技术人才和具有国际水准的高端产业人才。

（3）“会计信息化操作员”认证将按照 CIIT 项目的统一标准执行相关的培训及考核。（工业和信息化部指导下，中国通信工业协会推出了“通信和信息技术人才培养工程”。简称：CIIT。）

（4）对于培训考核合格的学员，符合相关人才库的入库标准，将颁发工业和信息化部“职业技术水平证书”，该证书可作为岗位聘用、任职、定级、晋升的依据。

证书样例如图 8-1、图 8-2 所示。

图 8-1　证书样例 1

图 8-2　证书样例 2

项目目标

知识目标

（1）用会计信息化软件处理企业财务业务的流程。

（2）用会计信息化软件处理企业财务业务一体化的能力。

能力目标

（1）能熟练操作会计信息化软件，完成指定业务的能力。

（2）能根据原始票据进行财务核算的能力。

（3）能根据企业管控要求进行购销存及财务核算业务的能力。

任务一 认证初级考试实训

任务导入

在学习了项目一、项目二、项目三和项目四后，可以完成系统建账并根据具体业务，完成企业一个月的财务业务的操作工作。

任务要求

根据相关会计信息化操作员考试内容，张会计参加会计信息化操作员初级考试。

知识准备

会计信息化操作员初级认证

- 考试题型：T3 实操题
- 考试内容：
  - 完成系统建账及初始化
  - 根据具体业务描述，完成企业一个月的财务业务的操作
- 考试范围：系统管理、总账、财务报表
- 考试时长：60 分钟

任务描述

用友畅捷通初级考试实训

【注意事项】

（1）本试卷分值共 100 分，60 分及格，考试时间为 60 分钟。

（2）考试使用软件系统为畅捷通教育云平台 T3 软件。考查选手对 T3 软件中系统管理、总账、报表模块的应用能力。

（3）按题目要求进行操作。

一、启动系统管理，以系统管理员“admin”的身份启动系统管理并根据表 8-1 资料增加操作员

表 8-1　操作员

编　　号	姓　　名
501	方明
502	李华

二、新建账套

账套号：555

账套名称：晨光信息技术有限公司

单位名称：晨光信息技术有限公司

简称：晨光公司

启用日期：2017-5

记账本位币：人民币（RMB）

企业类型：工业　执行“2007 年新会计准则”

账套主管：方明

基础信息：对存货、客户、供应商进行分类，无外币核算

分类编码方案：科目编码级次：4-2-2　　客户分类编码级次 2-2

供应商分类 编码级次：2-2　　部门编码级次：1-2

创建账套后启用总账模块，启用日期为 2017 年 5 月 1 日。

分配操作员权限：操作员李华拥有账套“公用目录设置及总账系统所有权限”。

三、总账系统初始化设置（请以合适的身份进行相关操作）

（1）根据表 8-2 资料设置部门档案。

表 8-2　部门档案

部 门 编 码	部 门 名 称
1	总经理办公室
2	财务部
3	业务部
301	采购部
302	销售部

（2）根据表 8-3 资料设置职员档案。

表 8-3　职员档案

职 员 编 码	职 员 名 称	所 属 部 门
501	方明	财务部
502	李华	财务部
503	于静	采购部
504	黄山	销售部
505	江洋	总经理办公室

（3）根据表 8-4 资料设置供应商分类。

表 8-4　供应商分类

类 别 编 码	类 别 名 称
01	原料供应商
02	成品供应商

（4）根据表 8-5 资料设置供应商档案。

表 8-5　供应商档案

供应商编号	供应商名称	供应商简称	所属分类码
001	兴华公司	兴华	01
002	新能源公司	新能源	02

（5）根据表 8-6 资料设置客户分类。

表 8-6　客户分类

类 别 编 码	类 别 名 称
01	批发
02	零售

（6）根据表 8-7 资料设置客户档案。

表 8-7　客户档案

客户编号	客户名称	客户简称	所属分类码
001	华信公司	华信	01
002	长新公司	长新	02

（7）根据表 8-8 资料设置凭证类别。

表 8-8　凭证类别

类别名称	限制类型
记账凭证	无限制

（8）根据表 8-9 资料设置结算方式。

表 8-9　结算方式

结算方式编号	结算方式名称
1	现金支票
2	转账支票

（9）根据表 8-10 资料增加会计科目。

表 8-10　会计科目

科目名称	辅助核算
100201　工行存款	
100202　中行存款	
122101　应收职工款	个人往来
122102　应收单位款	客户往来
500101　直接材料	
500102　直接人工	
660201　薪资及福利	部门核算
660202　办公费	部门核算
660203　差旅费	部门核算
660204　福利费	部门核算
660205　折旧费	部门核算

（10）修改会计科目。

“应收账款”科目辅助账类型为“客户往来”。

“应付账款”科目辅助账类型为“供应商往来”。

“生产成本”科目辅助账类型为“客户往来”。

（11）指定会计科目。

指定“库存现金”为现金总账科目、“银行存款”为银行总账科目。

（12）根据表 8-11 资料录入总账期初余额。

表 8-11　总账期初余额

科 目 名 称	方　向	期初余额（元）
库存现金	借	92 206
工行存款	借	222 000
中行存款	借	82 750
固定资产	借	260 860
累计折旧	贷	47 120
库存商品	借	50 000
短期借款	贷	100 000
实收资本	贷	362 496

（13）根据表 8-12、表 8-13、表 8-14 资料录入往来科目余额。

表 8-12　其他应收款——应收职工款

部　门	个　人	摘　要	方　向	期初余额（元）
总经理办公室	江洋	期初余额	借	1 500
采购部	于静	期初余额	借	2 300

表 8-13　应收账款

客　户	摘　要	方　向	期初余额（元）
华信公司	期初余额	借	68 000
长新公司	期初余额	借	89 600

表 8-14　应付账款

供 应 商	摘　要	方　向	期初余额（元）
兴华公司	期初余额	贷	176 850
新能源公司	期初余额	贷	182 750

四、总账日常业务处理（以李华身份填制凭证、以方明的身份进行出纳签字、审核和记账）

（1）3 日，采购部于静报销差旅费 2 500 元，补现金 200 元。

（2）10 日，采购部于静向兴华公司采购材料 10 000 元，不考虑增值税，货款尚未支付，材料已验收入库。

（3）16日，销售部黄山销售产品给长新公司，价值80 000元，不考虑增值税，货款尚未收到。

（4）20日，总经理办公室支付广告费3 000元，以工行转账支票支付，支票号为007。

（5）31日，应付财务部员工工资8 000元。

五、会计报表处理（以方明的身份编制报表）

利用模板编制2017年5月31日利润表，将该表以“利润表”保存在考生文件夹中。

任务处理

1. 打开“系统管理”图标，以“admin”身份登录，单击“权限/操作员”菜单命令增加操作员

2. 单击菜单“账套/建立”命令，按要求建账；单击“权限/权限”菜单命令设置李华权限

3. 以账套主管“501”的身份登录“畅捷通T3应用软件”

（1）单击“基础设置/机构设置/部门档案”命令设置部门档案。

（2）单击“基础设置/机构设置/职员档案”命令设置职员档案。

（3）单击“基础设置/往来单位/供应商分类”命令设置供应商分类。

（4）单击“基础设置/往来单位/供应商档案”命令设置供应商档案。

（5）单击“基础设置/往来单位/客户分类”命令设置客户分类。

（6）单击“基础设置/往来单位/客户档案”命令设置客户档案。

（7）单击“基础设置/财务/凭证类别”命令设置凭证类别。

（8）单击“基础设置/收付结算/结算方式”命令设置结算方式。

（9）单击“基础设置/财务/会计科目”命令增加会计科目。

（10）在“会计科目”窗口中修改会计科目。

（11）在“会计科目”窗口中执行“编辑/指定科目”菜单命令指定会计科目。

（12）单击“总账/设置/期初余额”命令录入期初余额。

（13）在“期初余额”窗口中录入往来科目余额。

4. 以账套主管“502”的身份登录“畅捷通 T3 应用软件”填制记账凭证

（1）借：管理费用——差旅费 2 500

贷：其他应收款 2 300

库存现金 200

（2）借：原材料 10 000

贷：应付账款 10 000

（3）借：应收账款 80 000

贷：主营业务收入 80 000

（4）借：销售费用 3 000

贷：银行存款——工行存款 3 000

（5）借：管理费用 8 000

贷：应付职工薪酬 8 000

以账套主管“501”的身份登录“畅捷通 T3 应用软件”进行出纳签字、凭证审核及记账。

5. 以账套主管“501”的身份登录“畅捷通 T3 应用软件”，启动 UFO 报表系统，调用利润表模板

任务二 认证中级考试实训

任务导入

在学习了项目一、项目二、项目三、项目四、项目五和项目六后，可以完成系统建账并根据原始票据，在财务软件中完成一个月的核算处理。

任务要求

根据相关会计信息化操作员考试内容，张会计参加会计信息化操作员中级考试。

知识准备

会计信息化操作员中级认证

◆ 考试题型：T3 实操题

◆ 考试内容：

● 完成系统建账及初始化

● 根据原始票据，识别企业业务并选择正确的财务核算方法，在财务软件中完成一个月的核算处理

◆ 考试范围：系统管理、总账、财务报表、工资管理、固定资产管理

◆ 考试时长：90 分钟

任务描述

用友畅捷通中级考试实训

【注意事项】

（1）本试卷分值共 100 分，60 分及格，考试时间为 90 分钟。

（2）考试使用软件系统为畅捷通教育云平台 T3 软件。考查选手对 T3 软件中系统管理、总账、工资、固定资产、报表模块的应用能力。

（3）考生不需要新建账套，在预制账套上操作，不能删除账套，请从第一题开始按题目要求操作。

（4）需要录入和处理的资料在试题中有明确的要求，请选手注意审题。

（5）如果遇到试题中未提供的信息或未作要求的内容可以不填写或使用系统默认值。

【企业基本信息】

北京德华制造有限公司现已实现会计信息化。

企业类型：工业；

行业性质：执行 2007 年新会计准则；

账套启用时间：2014 年 1 月 1 日；

该企业材料采用实际成本法核算，发出存货计价采用先进先出法。

操作员及权限如表 8-15 所示。

表 8-15　操作员及权限

角　色	姓　名	编　号	密　码	权　限
账套主管	刘楠	201	1	拥有软件操作和管理的全部权限，负责凭证审核
会计	张靓	202	2	总账、工资、固定资产，负责日常业务处理
出纳	李月	203	3	总账、现金管理，负责出纳签字

【要求】

请以该公司财务部会计人员（编号 202，密码：2）的身份完成 1 月份部分业务相关操作。

以出纳（编号 203，密码：3）的身份进行签字。

以账套主管（编号 201，密码：1）的身份进行审核、记账、结账操作。

注意：凭证中摘要请按题目要求录入。

2014 年 1 月发生如下经济业务。

第 1 题、在总账系统中填制一张记账凭证（摘要：采购材料）（附原始单据如图 8-3、图 8-4、图 8-5 所示。）

1100151140　　**北京增值税专用发票**　　№ 3574521　　1100151140　35745212

发票联

开票日期：2014年1月2日

购买方	名　　称：北京德华制造有限公司 纳税人识别号：110703658412354 地 址、电 话：北京市海淀区永泰东101号　010-63238541 开户行及账号：中国工商银行北京市永泰园支行　1067398213624590001	密码区	172312-4-275<1+46*54* 82*59* 181321> <8182*59*09618153 </ <4<3*2702-9>9*+153</0 >2-3 *08/4>*> >2-3*0/9/> >25-275<1

货物或应税劳务、服务名称	规格型号	单位	数量	单价	金额	税率	税额
A材料		吨	40	480.00	19 200.00	17%	3 264.00
合　计					¥19 200.00		¥3 264.00
价税合计（大写）	⊗贰万贰仟肆佰陆拾肆元整				（小写）¥22 464.00		

销售方	名　　称：北京高威股份公司 纳税人识别号：110254684132183 地 址、电 话：北京市中关村888号　010-62689536 开户行及账号：中国工商银行北京市中关村支行　1102251001546871669	备注	

收款人：沈明明　　复核：张莉　　开票人：王刚　　销售方：（章）

税总函[2014]××号××××公司

第三联：发票联　购买方记账凭证

图 8-3　原始单据 1

采购入库单（会计记账联）

供货单位：北京高盛股份公司

发票编号：32220222　　2014 年 1 月 2 日　　收料第 0102 号

材料类别	材料编号	材料名称	材料规格	计量单位	数量 应收	数量 实收
原料		A材料		吨	40	40

货物收讫

部门主管：钱强　　复核：张靓　　收料：钱强

图 8-4　原始单据 2

ICBC 中国工商银行 电汇凭证（回单）1

NO 72276775

☑普通 □加急 委托日期 2014年1月2日

汇款人	全称	北京德华制造有限公司	收款人	全称	北京高威股份公司
	账号	1067398213624590001		账号	1102251001546871669
	汇出地点	省 北京 市/县		汇入地点	省 市/县
汇出行名称		中国工商银行北京市永泰园支行	汇入行名称		中国工商银行北京市中关村支行
金额	人民币（大写）	贰万贰仟肆佰陆拾肆元整		千百十万千百十元角分	¥2246400
汇出行盖章		工商银行永泰园支行 2014.01.02 转讫		支付密码	773549359757
				附加信息及用途：	
				复核 记账	

此联汇出行给汇款人的回单

图 8-5 原始单据 3

第 2 题、在总账系统中填制一张记账凭证（摘要：购买办公及清洁用品）（附原始单据如图 8-6、图 8-7、图 8-8、图 8-9 所示。）

北京 商业统一发票

发票联

NO 0089762566

开票日期：2014年1月4日

客户名称	北京德华制造有限公司		税务登记码							
品名	规格	单位	数量	单价	金额 百	十	元	角	分	备注
复印纸		包	20	20	4	0	0	0	0	
金额合计（大写）	肆佰零拾零元零角零分				4	0	0	0	0	
收款单位	（加盖财务专用章或发票专用章）	开户银行	交通银行潞城支行		结算方式					银行 现金
		账号	235663421654156778		电话					

开票地址： 开票人：陈圆圆 收款人：王芳

第二联发票联客户收执

图 8-6 原始单据 4

北京市商业统一发票

发 票 联　　　　NO 0089762567

开票日期：2014年1月4日

客户名称	北京德华制造有限公司		税务登记码							
品名	规格	单位	数量	单价	金额					备注
					百	十	元	角	分	
快乐神拖		把	10	65.60	6	5	6	0	0	
金额合计（大写）	陆 佰 伍 拾 陆 元 零 角 零 分				6	5	6	0	0	
收款单位	（加盖财务专用章或发票专用章）	开户银行	交通银行潞城支行		结算方式					银行 现金
		账号	2356634216541567788		电话					

开票地址：　　　开票人：陈圆圆　　　收款人：王芳

第二联发票联客户收执

图 8-7 原始单据 5

中国工商银行

现金支票存根

10201110

93296469

附加信息

出票日期 2014年1月4日

收款人：	潍坊百货大楼股份公司
金 额：	¥1 056.00
用 途：	购买复印纸及拖把

单位主管 王子豪 会计 刘楠

潍南华森印务有限公司·2014年印制

图 8-8 原始单据 6

材 料 出 库 单（会计记账联）　　NO：0102

领料部门：企管办　　　　2014年01月04日

材料名称及规格	计量单位	请领数量	实发数量	备注
复印纸	包	20	20	

经手人：潘强　　　　保管员：王浩

图 8-9 原始单据 7

材料出库单（会计记账联）　　NO：0103

领料部门：生产部　　2014年01月04日

材料名称及规格	计量单位	请领数量	实发数量	备注
快乐神拖	把	5	5	生产一部
快乐神拖	把	5	5	生产二部

货物收讫

经手人：潘强　　保管员：王浩

图 8-9　原始单据 7（续）

第 3 题、在总账系统中填制一张记账凭证（摘要：收到济南新世界有限公司前欠货款）（附原始单据如图 8-10 所示。）

工商银行进账单　（回　单）　1

2014年01月06日　　XII 01647937

收款人	全　称	北京德华制造有限公司	付款人	全　称	济南新世界有限公司
	账　号	1067398213624590001		账　号	2210003234142096746
	开户银行	中国工商银行永泰园支行		开户银行	中国工商银行济南分行

金额	亿	千	百	十	万	千	百	十	元	角	分
人民币（大写）贰万元整				¥	2	0	0	0	0	0	0

票据种类	转账支票	票据张数	壹张
票据号码	0006789		

复核　记账

中国工商银行股份有限公司
济南支行
2014.01.06
票据受理专用章
收妥抵用

交银行后视为盖章

开户银行盖章

此联是开户银行交给持（出）票人的回单

图 8-10　原始单据 8

第 4 题、在总账系统中填制一张记账凭证（摘要：王浩预借差旅费）（附原始单据如图 8-11、图 8-12 所示。）

差旅费借款单

2014年01月08日　　NO. 012

部门	销售部		借款人	王浩	
借款金额	金额（大写）人民币叁仟圆整			¥3 000.00	
借款事由	出差借款				
领导审批	王子豪	财务主管	刘楠	借款人签字	王浩

转账付讫

图 8-11　原始单据 9

中国工商银行
现金支票存根

0002231

上海证券印制有限公司·2014年印制

附加信息

出票日期 2014年 1月8日

收款人：	王浩
金 额：	¥3 000.00
用 途：	差旅费借款

单位主管 王子豪 会计 刘楠

图 8-12 原始单据 10

第 5 题、在总账系统中填制一张记账凭证（摘要：销售产品，货款未收）（附原始单据如图 8-13 所示。）

No 52620268

增值税专用发票

全国统一发票监制章

发 票 联

开票日期：2014 年 1 月 12 日

购货单位	名 称：潍坊环球有限公司 纳税人识别号：370701345627649 地 址、电 话：潍坊市胜利西街256号 0536-8258877 开户行及账号：中国工商银行潍坊市奎文支行 610858923492578641l				密码区	（略）		
货物或应税劳务名称	规格型号	单位	数量	单 价	金 额	税率	税 额	
甲产品		吨	120	3 000.00	360 000.00	17%	61 200.00	
乙产品		吨	100	200.00	20 000.00	17%	3 400.00	
合 计					¥380 000.00		¥64 600.00	
价税合计（大写）	⊗肆拾肆万肆仟陆佰元整				（小写）¥444 600.00			
销货单位	名 称：北京德华制造有限公司 纳税人识别号：110701345628976 地 址、电 话：北京市海淀区永泰东里101号 010-62437890 开户行及账号：中国工商银行北京市永泰园支行 1067398213624590001				备注	北京德华制造有限公司 110701345628976 发票专用章		

收款人： 复核：李月 开票人：王浩 销货单位（章）

第三联：记账联 销货方记账凭证

图 8-13 原始单据 11

第 6 题、在总账系统中填制一张记账凭证（摘要：生产领用材料）（附原始单据如图 8-14 所示。）

材料出库单（会计记账联）

领料部门：生产一部（甲产品）　　2014年1月28日　　No. 201401068

品名	单位	数量	单价	金额	用途
A材料	吨	30	445	13 350	甲产品
B材料	千克	20	1 000	20 000	乙产品

货物付讫

经手人：王浩　　保管人：钱强

材料出库单（会计记账联）

领料部门：生产二部（乙产品）　　2014年1月28日　　No. 201401069

品名	单位	数量	单价	金额	用途
A材料	吨	6	445	2 670	乙产品
B材料	千克	10	1 000	10 000	乙产品

货物付讫

经手人：王浩　　保管人：钱强

图 8-14　原始单据 12

第 7 题、31 日，在固定资产系统中计提本月折旧，生成记账凭证，并传递到总账子系统。（固定资产批量制单生成凭证，要求合并。）

第 8 题、31 日，车间一台机床报废，卡片编号 009，原值 45 000 元，已计提折旧 17 640 元。在固定资产系统中进行资产减少的处理，自动生成凭证，并传递到总账子系统。

第 9 题、31 日，在工资管理系统录入工资数据如表 8-16 所示，计算工资，在总账系统中填制一张记账凭证，并传递到总账子系统。（工资管理系统生成单据，要求不合并。）

表 8-16　职工工资数据

人员编号	姓　　名	部　　门	人员类别	基本工资（元）	奖励工资（元）
101	王子豪	企管办	管理人员	5 500	550
102	潘强	企管办	管理人员	3 500	350
201	刘楠	财务部	管理人员	4 500	450
202	张靓	财务部	管理人员	4 000	400
203	李月	财务部	管理人员	3 500	350
301	钱强	采购部	管理人员	4 600	460
401	王浩	销售部	经营人员	4 200	420
501	杜康	生产一部	车间管理人员	4 800	480
502	周兴	生产一部	生产工人	5 200	520
503	李强	生产一部	生产工人	4 600	460

续表

人员编号	姓　名	部　门	人员类别	基本工资（元）	奖励工资（元）
507	李云	生产二部	车间管理人员	5 200	520
508	冯楠	生产二部	生产工人	4 900	490
509	王东	生产二部	生产工人	4 600	460

第 10 题、31 日，以现金发放上月工资，工资发放汇总表如表 8-17 所示，在总账系统中填制一张记账凭证（摘要：发放工资）。

表 8-17　工资发放汇总表

期间：2014 年 01 月　　金额单位：元

应付工资总额	代扣社会保险	代扣个人所得税	实发合计	备　注
68 160	5 452.80	657.01	62 050.19	

审核：刘楠　　制表：李月

备注：上年 12 月缴纳社会保险时，代扣个人承担部分已计入“其他应收款”；代扣个人所得税计入“应交税费——应交个人所得税”。

第 11 题、31 日，计算分配制造费用（利用已设置好的自定义转账凭证模板，生成分配制造费用的凭证）（摘要：分配制造费用）。

第 12 题、31 日，本月产品全部完工入库，在总账系统中填制一张记账凭证（摘要：结转完工产品成本），产品成本计算单如表 8-18 所示。

表 8-18　产品成本计算单

产品 / 成本项目	甲产品（30 吨）		乙产品（310 吨）	
	总成本	单位成本	总成本	单位成本
直接材料				
直接人工				
制造费用				
合计				

第 13 题、31 日，结转已销产品成本，在总账系统中填制一张记账凭证（摘要：结转销售成本），销售成本计算表如表 8-19 所示。

第 14 题、31 日，运用月末自动转账功能结转期间损益，分别生成结转收入和费用支出类账户至“本年利润”的记账凭证。

第 15 题、所有凭证由主管签字、审核、记账，并由主管在工资管理系统、固定资产管理系统和总账系统中完成月末对账与结账工作。

表 8-19　销售成本计算表

期间：2014 年 01 月　　　　金额单位：元

产　　品	数　量　（吨）	单 位 成 本	金　　额
甲产品	120	2 000	240 000
乙产品	100	100	10 000
合计	220		250 000

任务处理

第 1 题。

（1）双击打开“信息门户”图标，用户名填入“202”，密码填入“2”，选择日期“2014-01-01”，单击“确定”按钮，进入“畅捷通教育云平台 T3 软件”界面。

（2）单击“总账/凭证/填制凭证”命令，或者单击“填制凭证”快捷按钮，打开“填制凭证”窗口。

（3）单击“增加”按钮，增加一张空白凭证。

（4）选择凭证类型“记账凭证”，输入制单日期“2014-01-02”。

（5）输入摘要“采购材料”，输入借方科目“原材料——A 材料”，选择辅助项“数量 40 吨”、“单价 480 元”，单击“确认”按钮，输入借方科目“应交税费——应交增值税——进项税额”，输入金额“3 246”，输入贷方科目“银行存款——工行”，选择辅助项“结算方式电汇”、“票号 XV00647959”（票号可不填），发生日期输入“2017-01-02”，输入金额“22 464”，单击“保存”按钮，如图 8-15 所示。

图 8-15　记账凭证

第 2 题：（第 2～6 题以会计分录形式表示）。

借：管理费用——办公费　　400

　　制造费用——其他　　656

　　贷：银行存款——工行　　1 056

第 3 题。

借：银行存款——工行　　20 000

　　贷：应收账款　　20 000

第 4 题。

借：其他应收款——应收个人款　　3 000

　　贷：银行存款——工行　　3 000

第 5 题。

借：应收账款　　444 600

　　贷：主营业务收入——甲产品　　360 000

　　　　　　　　　——乙产品　　20 000

　　　　应交税费——应交增值税（销项税额）　　64 600

第 6 题。

借：生产成本——直接材料（甲产品）　　33 350

　　　　　　——直接材料（乙产品）　　12 670

　　贷：原材料——A 材料　　16 020

　　　　　　——B 材料　　30 000

第 7 题。

（1）单击“固定资产/处理/计提本月折旧”命令，或者单击“计提本月折旧”快捷按钮，打开“固定资产折旧”窗口，如图 8-16 所示。

（2）单击“否”按钮，如图 8-17 所示。（注意：不要固定资产折旧制单。）

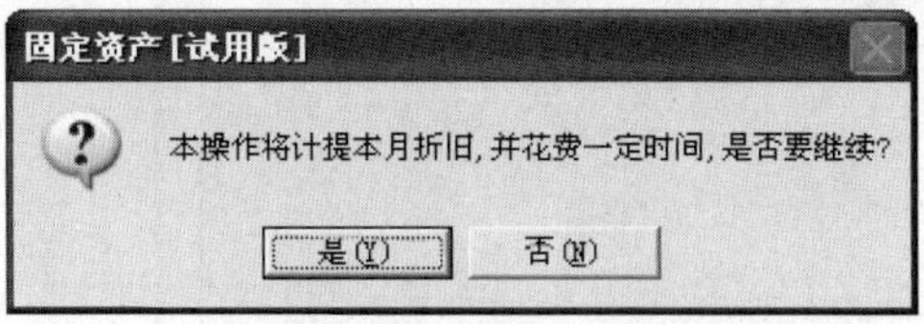

图 8-16　固定资产折旧

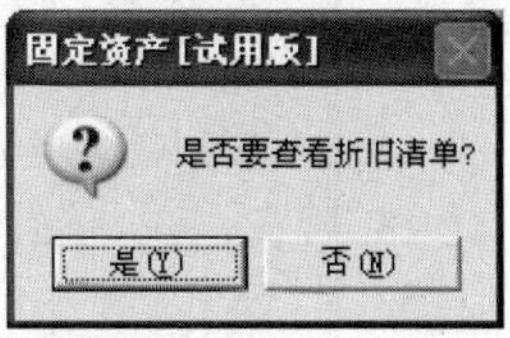

图 8-17　折旧清单

（3）单击“固定资产/处理/批量制单”命令，或者单击“批量制单”快捷按钮，打开“批量制单”窗口，如图 8-18 所示。

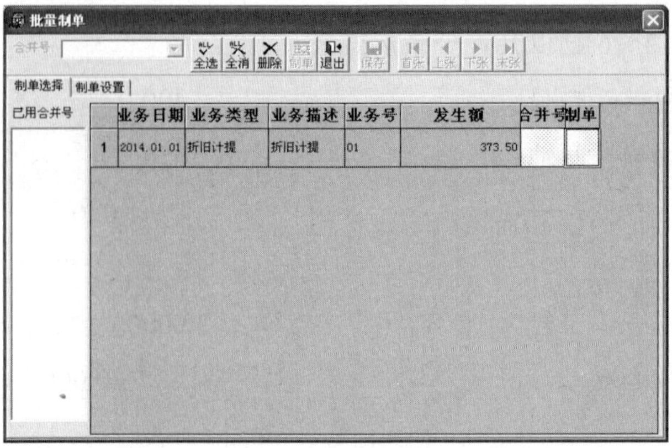

图 8-18　批量制单 1

（4）单击“全选”按钮，如图 8-19 所示。

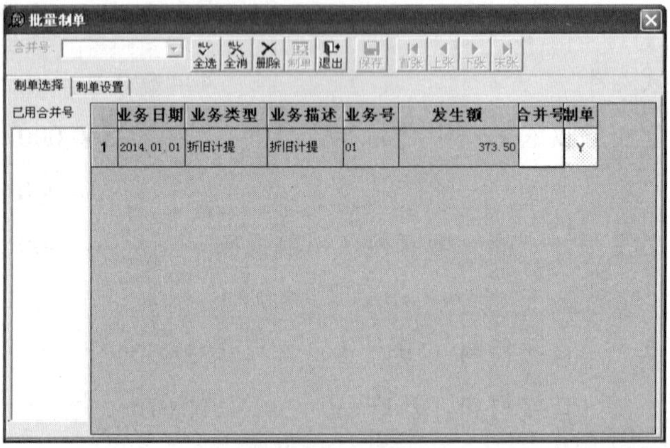

图 8-19　批量制单 2

（5）单击“制单设置”选项卡，如图 8-20 所示。

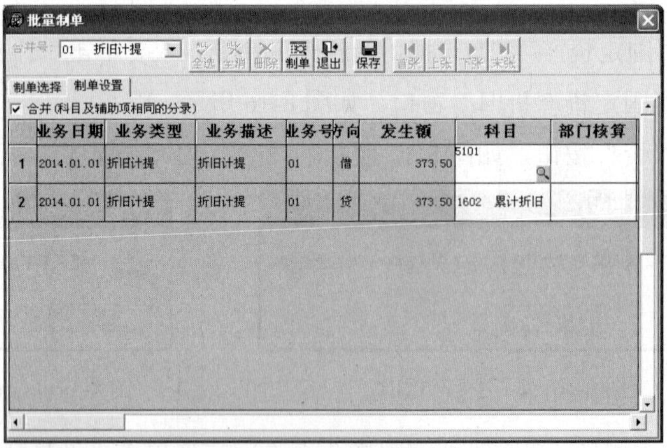

图 8-20　批量制单 3

（6）单击“合并”多选框，单击“制单”按钮，如图 8-21 所示。

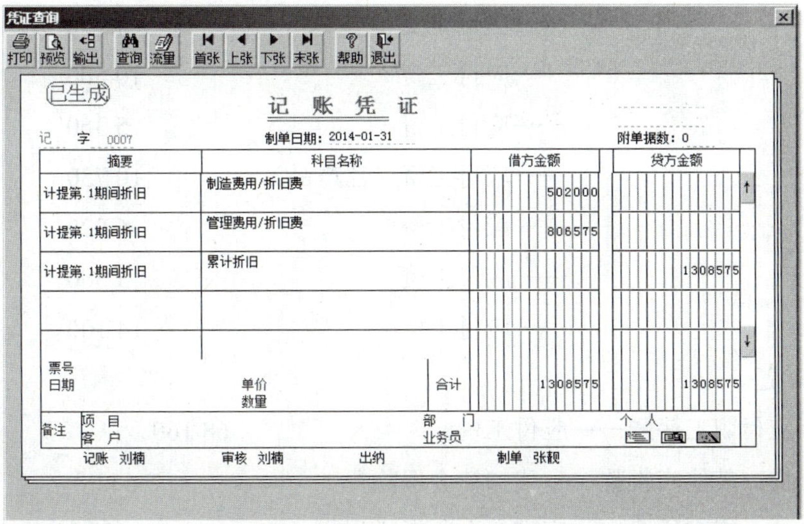

图 8-21　记账凭证

借：制造费用——折旧费　　5 020

　　管理费用——折旧费　　8 065.75

　　贷：累计折旧　　13 085.75

第 8 题：单击“固定资产/卡片/资产减少”命令，或者单击“资产减少”快捷按钮。

借：累计折旧　　17 640

　　固定资产清理　　27 360

　　贷：固定资产　　45 000

第 9 题：①工资变动中填入工资数据；

②工资分摊（记账凭证自动生成）。

借：生产成本——直接人工（甲产品）　　11 080

　　销售费用——工资　　4 770

　　管理费用——工资　　10 500

　　　　　　——工资　　5 360

　　生产成本——直接人工（乙产品）　　10 750

　　销售费用——工资　　6 020

　　管理费用——工资　　5 580

　　　　　　——工资　　14 100

贷：应付职工薪酬——应付工资（甲产品）　　　　11 080

——应付工资　　　　4 770

——应付工资　　　　10 500

——应付工资　　　　5 360

——应付工资（乙产品）　　　　10 750

——应付工资　　　　6 020

——应付工资　　　　5 580

——应付工资　　　　14 100

第 10 题。

借：应付职工薪酬——应付工资　　　　68 160

贷：其他应收款——代扣社会保险费　　　　5 452.8

应交税费——应交个人所得税　　　　657.01

库存现金　　　　62 050.19

第 11 题。

总账—期末—转账生成—自定义转账—全选（包含未记账凭证）（记账凭证自动生成）。

借：生产成本——制造费用——甲产品　　　　10 365.6

——乙产品　　　　6 910.4

贷：制造费用——其他　　　　656

——折旧费　　　　5 020

——工资　　　　11 600

第 12 题。

借：库存商品——甲产品　　　　54 795.6

——乙产品　　　　30 330.4

贷：生产成本——直接材料（甲产品）　　　　33 350

——直接材料（乙产品）　　　　12 670

——直接人工（甲产品）　　　　11 080

——直接人工（乙产品）　　　　10 750

——制造费用（甲产品）　　　　10 365.6

——制造费用（乙产品）　　　　6 910.4

第 13 题。

借：主营业务成本——甲产品　　240 000
　　　　　　　　——乙产品　　10 000
　贷：库存商品——甲产品　　240 000
　　　　　　　——乙产品　　10 000

第 14 题。

① 操作步骤：总账—期末—转账生成—设置—（收入）全选（包含未记账凭证）（记账凭证自动生成）。

借：主营业务收入——甲产品　　360 000
　　　　　　　　——乙产品　　20 000
　贷：本年利润　　380 000

② 操作步骤：总账—期末—转账生成—（支出）全选（包含未记账凭证）（记账凭证自动生成）。

借：本年利润　　293 195.75
　贷：管理费用——折旧费　　8 065.75
　　　　　　　——办公费　　400
　　　　　　　——工资　　29 960
　　　　　　　——工资　　4 770
　　　主营业务成本——甲产品　　240 000
　　　　　　　　　——乙产品　　10 000

第 15 题。

（用编号“203”密码“3”，日期不要更改，注册登录后进行出纳签字；用编号“201”密码“1”，日期不要更改，注册登录后进行凭证审核、记账、工资结账、固定资产结账、总账对账、结账）

任务三　认证高级考试实训

任务导入

在学习了项目一、项目二、项目三、项目四、项目五、项目六和项目七后，可以完成系统参数设置并根据原始票据完成一个月内的进销存及财务核算处理。

任务要求

根据相关会计信息化操作员考试内容，张会计参加会计信息化操作员高级考试。

知识准备

会计信息化操作员高级认证

- 考试题型：T3 实操题
- 考试内容：
  - 完成系统参数设置、实现业务驱动记账
  - 根据原始票据，识别企业业务并选择正确的财务业务核算方法，在管理软件中完成一个月内的进销存及财务核算处理
- 考试范围：财务管理、业务管理、移动应用
- 考试时长：120 分钟

任务描述

用友畅捷通高级考试实训

【注意事项】

（1）本试卷分值共 100 分，60 分及格，考试时间为 120 分钟。

（2）考试使用软件系统为畅捷通教育云平台 T3 软件。考查选手对 T3 软件中系统管理、总账、进销存、报表模块的应用能力。

（3）考生不需要新建账套，在预制账套上进行操作，不能删除账套。

（4）需要录入和处理的资料在试题中有明确的要求，请选手注意审题。

（5）如果遇到试题中未提供的信息或未作要求的内容可以不填写或使用系统默认值。

一、企业基本情况

（1）北京昌达有限责任公司。

（2）该公司执行《企业会计准则》（2007 年）。

（3）该公司经国家税务部门认定为增值税一般纳税人企业，增值税税率为17%，执行营改增后，购入存货负担的运费增值税抵扣率为11%，广告费税率6%。其他：城市维护建设税税率7%，教育费附加税率3%，企业所得税核算采用债务法核算所得税。增值税采用当月计提，下月初缴纳的方式。全年汇算清缴，企业所得税税率25%。

（4）个人所得税按七级超额累进税率计算代扣代缴。工薪所得个人所得税的费用扣除标准是3 500元/月。

（5）该企业存货采用实际成本法核算。购入存货不管是否即时入库均通过“在途物资”科目过渡，然后结转到“库存商品”科目。

（6）销售与采购发票如果当天结算货款，则不通过应收应付科目过渡，否则均需要通过应收应付科目。

（7）存货计价方式采用全月一次平均法。

（8）初始设置的登录时间均为2017年1月1日，所有凭证请严格按照序时的原则在业务发生当日制单。

二、账套资料

1. 账套信息

账套号：777；

账套名称：北京昌达有限责任公司；

账套路径：默认；

启用会计期：2017年01月；

会计期间设置：1月1日至12月31日。

2. 单位信息

单位名称：北京昌达有限责任公司；

单位简称：昌达科技；

单位地址：北京市朝阳区胜利路666号；

法人代表：张力。

3. 核算类型

记账本位币：人民币（RMB）；

企业类型：工业；

行业性质：执行“2007年新会计准则”；

账套主管：赵淼；按行业性质预置科目。

4. 基础信息

该企业有外币核算，进行经济业务处理时，需要对存货、客户、供应商进行分类。

5. 分类编码方案

科目编码级次：4-2-2-2；

其他编码级次设置采用默认值。

6. 数据精度

采用系统默认值。

7. 系统启用

“总账、购销存、核算”系统启用日期为“2017 年 1 月 1 日”。

三、系统初始设置

1. 登录时间：2017 年 1 月 1 日

系统预置操作员如表 8-20 所示。

表 8-20　操作员

编　号	姓　名	口　令	所属部门
101	赵淼	1	财务部
102	王毅	2	财务部

2. 设置操作员权限

（1）赵淼——账套主管（具有软件操作和管理的全部权限）；

（2）王毅——会计（具有公用目录、总账、购销存、核算权限）。

3. 新增部门档案如表 8-21 所示

表 8-21　新增部门档案

部门编码	部门名称	部门属性
4	生产中心	研发生产

4. 新增职员档案如表 8-22 所示

表 8-22　新增职员档案

职员编号	职员名称	所属部门	职员属性
401	马南	生产中心	部门经理
402	王萍	生产中心	工人

5. 新增客户档案如表8-23所示

表8-23　新增客户档案

客户编码	客户名称	客户简称	所属分类码	税号	开户银行	银行账号
001	北京前进公司	前进公司	01	110165778322450	工行	6281023453209874560
002	大连志明公司	大连志明	01	210223454674532	工行	6282452102400010238

6. 新增供应商档案如表8-24所示

表8-24　新增供应商档案

供应商编码	供应商名称	供应商简称	所属分类码	税号	开户银行	银行账号
001	北京科瑞公司	北京科瑞	01	110144234423441	建行	6281434234567321234
002	上海力源公司	上海力源	01	310298675575508	建行	6285555556789555004

7. 部分需要修改或需要增加的会计科目如表8-25所示

表8-25　会计科目

科目名称	辅助核算	单　位
库存现金（1001）	日记	
工行存款（100201）	银行日记	
中行存款（100202）	银行日记	
应收账款（1122）	客户往来	
其他应收款（1221）	个人往来	
CPU（140301）	数量核算	块
内存条（140302）	数量核算	条
商务510系列（140501）	数量核算	台
商务610系列（140502）	数量核算	台
应付账款（2202）	供应商往来	
应交增值税（222101）		
进项税额（22210101）		
销项税额（22210102）		
进项税额转出（22210103）		
未交增值税（222102）		

续表

科目名称	辅助核算	单位
应交所得税（222103）		
直接材料（500101）	项目核算	
直接人工（500102）	项目核算	
制造费用（500103）	项目核算	
工资（660201）	部门核算	
办公费（660202）	部门核算	
差旅费（660203）	部门核算	
招待费（660204）	部门核算	
其他（660205）	部门核算	

说明：

① 由于一级会计科目要建账时由系统预置，表中只列出了需要增加、修改或有余额的会计科目；

② 科目建立完成后，需要指定“库存现金”为现金总账科目、“银行存款”为银行总账科目。

8. 设置项目目录如表 8-26 所示

表 8-26 项目目录

项目设置步骤	设置内容
项目大类	产品
核算科目	直接材料（500101） 直接人工（500102） 制造费用（500103）
项目分类	1. 商用计算机 2. 家用计算机
项目名称	101 商务 510 系列（所属分类：1） 102 商务 610 系列（所属分类：1）

9. 设置开户行信息

编码：01；名称：北京银行朝阳分理处；账号：6029234567831102003。

10. 新增存货档案如表 8-27 所示

表 8-27 新增存货档案

编号	存货名称	计量单位	存货分类	存货属性	税率
1001	CPU	块	材料类	外购、生产耗用	17%
1002	内存条	条	材料类	外购、生产耗用	17%

续表

编　　号	存 货 名 称	计 量 单 位	存 货 分 类	存 货 属 性	税　　率
2001	商务 510 系列	台	成品类	自制、销售	17%
2002	商务 610 系列	台	成品类	自制、销售	17%
3001	运费	次	应税劳务	应税劳务	17%

11. 新增期初余额如表 8-28、表 8-29、表 8-30、表 8-31 所示

表 8-28　新增总账期初余额

科 目 名 称	期初余额（元）	数　　量
工行存款（100201）	800 000	
中行存款（100202）	400 000	
CPU（140301）	20 000	40
内存条（140302）	18 000	90
商务 510 系列（140501）	350 000	100
商务 610 系列（140502）	400 000	100
累计折旧（1602）	150 000	
未交增值税（222102）	40 000	
应交所得税（222103）	260 000	

表 8-29　1122 应收账款

日　　期	客　　户	摘　　要	方　　向	金额（元）
2016-12-31	前进公司	销售商品	借	70 200

表 8-30　1221 其他应收款

日　　期	部　　门	个　　人	摘　　要	方向	金额（元）
2016-12-25	综合部	张力	出差借款	借	3 000
2016-12-28	销售中心	赵飞	出差借款	借	2 000

表 8-31　2202 应付账款

日　　期	供 应 商	摘　　要	方　　向	金额（元）
2016-12-31	北京科瑞	购买商品	贷	35 100

12. 新增采购部采购 CPU 期初发票如表 8-32 所示

表 8-32　CPU 期初发票

单据类型	发票号	日期	供应商	存货	数量（块）	单价（元）	税率	金额（元）
采购专用发票	11111	2016-12-31	北京科瑞	CPU	300	100	17%	35 000

13. 设置库存期初如表 8-33 所示

表 8-33 库存期初

仓库名称	存货编码	存货名称	数量	单价（元）	金额（元）	小计
材料库	1001	**CPU**	50	400	20 000	38 000
材料库	1002	内存条	180	100	18 000	
成品库	2001	商务 510	100	3 500	350 000	750 000
成品库	2002	商务 610	100	4 000	400 000	
合计						788 000

14. 设置存货科目及存货对方科目如表 8-34、表 8-35 所示

表 8-34 存货科目

仓库	存货科目
材料库	原材料/ CPU（140301）
成品库	库存商品/商务 610（140502）

表 8-35 存货对方科目

收发类别	存货名称	对方科目
采购入库	CPU	在途物资（1402）
销售出库	商务 610	主营业务成本（6401）

15. 设置客户往来科目

基本科目设置：应收科目为 1122，销售收入科目 6001，应交增值税科目 22210102。

结算方式科目设置：支票对应 100201。币种：人民币。

16. 设置供应商往来科目

基本科目设置：应付科目为 2202，采购科目 1402，采购税金科目 22210101。

结算方式科目设置：支票对应 100201。币种：人民币。

四、经济业务处理

注意：以王毅身份操作 2017 年 1 月经济业务。

（1）5 日，采购中心曹孟收到从北京科瑞公司订购的 CPU，数量 60 块，单价 400 元，商品已验收入材料库。要求完成相关入库单据生成相关凭证。

（2）6 日，企业收到专用发票一张，CPU 数量 60 块，单价 400 元，增值税税率

为 17%，价税合计 28 080 元。发票号为“1234”。要求与入库单进行结算处理，并生成应付凭证。

（3）7 日，企业开出工行转账支票一张（支票号：ZP101）支付上述款项。（付款单处理）要求付款核销操作并生成相关凭证。

（4）15 日，企业现金支付生产车间厂房维修费 1 200 元。

（5）18 日，销售中心孙科从成品库发出商务 610 系列计算机给大连志明公司，数量 20 台，无税单价 10 000 元。要求完成相关单据生成相关凭证。

（6）19 日，企业收到销售专用发票一张，商务 610 系列计算机数量 20 台，单价 10 000 元，增值税税率为 17%，价税合计 234 000 元。发票号为“F112”。同日收到工行支票一张，为上述货物的货税款共计 234 000 元，票号为“ZP105”。要求完成相关单据生成相关凭证。

（7）20 日，出纳到工行缴付上月增值税、所得税。

（8）23 日，收到出租包装物租金收入现金 500 元。

（9）30 日，购入年货分配给员工（数量 130 份，单价 854.7 元，税 18 888.87 元），工行支票号 80322352，要求生成购入、分配两张凭证，年货分配表如表 8-36 所示。

表 8-36　年货分配表

2017 年 1 月 30 日

车间、部门	数　量	签　名
车间管理人员	50	
财务管理人员	30	
销售管理人员	50	

（10）31 日结转制造费用（手工结转，项目：商务 610 系列）、期间损益并生成凭证。

（11）以赵淼的身份进行审核、记账、结转。

五、编制财务报表

以赵淼的身份编制财务报表。

利用模板编制 2017 年 1 月 31 日资产负债表，将该表以“资产负债表”保存在考生文件夹中。

任务处理

1．打开“系统管理”图标，以“admin”身份登录，单击“权限/权限”菜单命令设置赵森和王毅两个操作员权限

2．以账套主管“101”的身份登录“信息用户”

（1）单击“基础设置/机构设置/部门档案”命令设置部门档案。

（2）单击“基础设置/机构设置/职员档案”命令设置职员档案。

（3）单击“基础设置/往来单位/供应商档案”命令设置供应商档案。

（4）单击“基础设置/往来单位/客户档案”命令设置客户档案。

（5）单击“基础设置/财务/会计科目”命令增加会计科目，在“会计科目”窗口中修改会计科目，在“会计科目”窗口中执行“编辑/指定科目”菜单命令指定会计科目。

（6）单击“基础设置/财务/项目目录”命令设置项目目录。

（7）单击“基础设置/收付结算/开户银行”命令设置开户行信息。

（8）单击“基础设置/存货/存货档案”命令设置存货档案。

（9）单击“总账/设置/期初余额”命令设置期初余额。

（10）单击“采购/采购入库单”命令设置期初余额。

（11）单击“库存/期初数据”命令设置库存期初。

（12）单击“核算/科目设置/存货科目”命令设置存货科目。

（13）单击“核算/科目设置/存货对方科目”命令设置存货对方科目。

（14）单击“核算/科目设置/客户往来科目”命令设置客户往来科目。

（15）单击“核算/科目设置/供应商往来科目”命令设置供应商往来科目。

3．以账套主管“102”的身份登录“信息用户”

以账套主管“101”的身份登录“信息用户”进行出纳签字、凭证审核及记账。

4．以账套主管“101”的身份登录“信息用户”，启动UFO报表系统，调用资产负债表模板

参考文献

[1] 汪刚，王新玲．会计信息化实用教程[M]．北京：清华大学出版社，2009．
[2] 莫绮霞．会计电算化[M]．上海：上海交通大学出版社，2012．
[3] 徐风玲，金剑忠．新编会计信息化应用[M]．南京：南京大学出版社，2015．
[4] 王新玲．会计信息化应用教程[M]．北京：人民邮电出版社，2016．
[5] 任文跃．会计信息化实用教程[M]．北京：电子工业出版社，2017．